U0947513

国家出版基金項目
NATIONAL PUBLICATION FOUNDATION

明、清、民國時期珍稀老北京話歷史文獻整理與研究

兒女英雄傳評話（初印本）㈡

主　編　周建設
副主編　于潤琦　馮　蒸

首都師範大學出版社
CAPITAL NORMAL UNIVERSITY PRESS

圖書在版編目(CIP)數據

兒女英雄傳評話 : 初印本 : 全6冊 / 周建設主編.
—北京 : 首都師範大學出版社, 2014.8
(明、清、民國時期珍稀老北京話歷史文獻整理與研究)
ISBN 978-7-5656-2032-4

Ⅰ. ①兒… Ⅱ. ①周… Ⅲ. ①北京話-文獻-匯編-中國 Ⅳ. ①H172.1

中國版本圖書館 CIP 數據核字(2014)第 181467 號

兒女英雄傳評話(初印本)㈡

周建設◎主編

責任編輯:趙自然　封面設計:劉銀霜

首都師範大學出版社出版

(北京西三環北路105號　郵政編碼100048)

(1)68418523(總編室)68982468(發行部)

(2)www.cnupn.com.cn

全國新華書店發行

湘潭市風帆印務有限公司印刷

710mm×1000mm　1/16　印張:29.5

2014年8月第1版

2014年8月第1次印刷

印數1-3000

ISBN 978-7-5656-2032-4

定價:516.00元

出版説明

北京是千年古都，在其歷史發展過程中，融合了多民族的文化習俗，尤其在語言方面，形成了極富特色的京腔、京韵，是北京文化中不可或缺的部分。隨着時代發展，人口流動頻繁，語言交互影響，老北京話中的精粹如京味兒小説、民謡童謡、方音字彙等，日漸淡出，已趨消亡之勢。

爲了更好地挖掘、保護和研究老北京話這一珍貴非物質文化遺産，首都師範大學北京話研究中心啓動了《明、清、民國時期珍稀老北京話歷史文獻整理與研究》項目。本項目是國家社科基金重點項目（編號：10AYY005）『三百年來北京話的歷史演變和現狀研究』、北京市社科重點項目（編號：12WYA002）『北京話的歷史與現狀研究』的學術成果，受到多方關注，同時得到了國家出版基金資助，及北京市教委科研基地建設項目、首都師範大學文化研究院的支持。該項目以對明、清、民國時期珍稀老北京話歷史文獻的整理與研究爲主要目的，并將之集結成册。本套叢書的編輯出版以『調查、整理、傳承、研究』爲基本方針，分小説、音韵、歌謡三大部分。編纂工作繁難復雜，兹將有關事宜略述如次：

一、小説部分。以明、清、民國時期京味兒小説爲主，涵蓋損公、徐劍膽、冷佛、文康等人的代表作品，主要介紹當時北京社會生活狀態、風俗文化、人情世故，同時保留了當時的北京話，反映了北京話的歷史變化。

二、音韵部分。包括記録明、清、民國時期北京語音的《音韵逢源》《京音字彙》和《南北方音》等韵書、字典。

三、歌謡部分。包括《一歲賀聲》《孺子歌圖》和《一八九六歌謡》等歌謡、吆喝。

四、每種圖書均由今人撰寫導讀一篇，主要簡述原作者生平、成書過程、該書思想内容、語言特色、學術價值、版本源流等，采用繁體竪排形式，置於該圖書之前，一并出版。爲方便閲讀，導讀中所引原書部分均進行標點。

五、本套書全部據原書影印出版。有些資料因年代久遠，珍貴難尋，或有個别頁碼缺失、字迹脱落現象，實難求全，謹以歷史文獻原貌呈現。

六、在部分圖書中，後来學者直接在書上作了校勘或標注，影印出版時亦予保留，以存原貌。

七、爲方便閱讀，保留了原書的扉頁、版權頁等。又每册之首均新編了目録，以便檢閱。

八、因當時印刷技術所限或人爲抄寫等原因，原書中會出現錯、脱、衍、乙字等情況，請注意辨别。

《明、清、民國時期珍稀老北京話歷史文獻整理與研究》文獻卷帙浩繁，時間倉促，難免出現缺失疏漏，誠望社會各界批評指正。

二〇一四年六月

編　者

目録

兒女英雄傳評話第十一回

糊縣官糊塗銷巨案　安公子安穩上長淮

上回書講的是雕弓寶硯自合而分十三妹同安龍媒張金鳳並張老夫妻柳林話別是這書中開塲緊要關頭那十三妹別後安公子一行人直望到望不見了也就大家上了車輛牲口投奔南河大路而去這且不提折回來再講那黑風崗的能仁寺卻說這能仁寺原是一坐敗落古廟向來有兩個游僧在內棲身抄化自從赤面虎這個凶僧佔了這地面把兩個游僧趕出廟去借着賣茶賣飯爲名在此刼脫來往客人那倒運的被他害了也不止一個

如今天理昭彰惹着了這位殺人如戲的十三妹殺了個寸草不留自在逍遥的走了臨走又把廟門從裡頭關了個鐵桶相似這條道本是條背道附近又等閑無人來拜佛燒香就連本地的鄉約地保也住的甚遠因此廟裡只管閙的那等馬仰人翻外人竟一點消息不得知道向來無巧不成話不想這茌平縣的西北鄉偏偏出了一案地保報到縣裡這縣官姓胡原、是個賣麪茶的出身到了正月節帶賣元宵不知怎的無意中發了一注横財忽然的官星發動就捐了一個知縣選在茌平地方上。都叫他。糊太爺這日胡知縣接了地保的禀報問了問這西鄉[illegible]

縣衙有三十多里便傳了次日下鄉那縣衙的一班官役巴不得地方上有事好去吃地保又可向事主訛索幾文到了次日那些刑書招房仵作捕快人等一窩蜂的都跟了去及至到了鄉下只見不過是兩人口角彼此揪扭因傷致死的一樁尋常命案照例相驗填了尸格回來那地保規矩是送縣官過了他管的地界纔敢回去這能仁寺正在他的地界上來回都從廟前經過恰巧走到離廟不遠這位縣官因早起着了些涼忽然犯了痧氣要找個地方歇歇弄口薑湯喝跟班的便吩咐衙役叫地保預備地方地保想了想這一帶都是曠野荒山那有人家去尋熱

水便想到這座能仁寺上說前面不遠有所古廟就請太老爺的駕到那裡將就坐落能便飛跑的趕到廟前那正中山門本是用亂磚從外面砌嚴了的看了看左右兩個角門兒也關得結實只得走到馬圈門前叫門一直叫了半日也不聽得有個人答應正在叫不開那些三班衙役也有趕到前頭來的大家一頓亂推帶踹把個門插管兒弄折了門纔得開地保忙着推門同了衆人進去叫和尚出來接太老爺但見空落落的院子僻悄無人只有馬棚裡撒着四個騾子餓的在那裡打撓兒當院裡兩條大狗因搶着一件血淋淋的東西在那裡打架大家喝開了狗

一看原來是個和尚腦袋嚇了一跳地保說不好這不又出了案了嗎連忙把那顆頭搶在手裡奔了那三間正房來找和尚一進門就看見一個半老的和尚躺在地下叫了一聲不見答應敢是死了這個當兒聽見喝道的聲音縣官轎子早已到門衆人連忙跑出去把上項事稟明縣官聽了抬轎進門下轎一看心裡納悶說這可罷了我了這一個和尚的腦袋好端端的在腔子上那個腦袋可是那裡來的呢旁邊一個捕快班頭跪倒回話說回太老爺的話這得拿凶手縣官問道凶手是誰衆人只得說道在廟裡搜一搜就知道了縣官說那麽着咱們就搜搜衆人

答應一聲便順着那帶灰棚搜去搜到南頭那間見關着扇門大家巴着窗戶瞧了瞧早瞧見草堆邊露着兩隻脚說得了尸身有了連忙踹門進去一看又是兩個尸身肝花五臟都被人掏了去了却都有腦袋不算外腦袋上還帶着兩條辮子大家又來稟過縣官縣官說這事更糟了怎麽和尚腦袋上會長出辮子來呢這不是野岔兒嗎當下亂了一陣便出了廟圈門從大殿配殿一路查去只見都是些破落空房一直趟着查到東院進了角門將轉過拐角牆一看但見院子裡横七豎八躺着一地和尚也有有腦袋的也有沒腦袋的也有囫圇的也有兩截兒的裡

頭還有個沒臉的却是個婦人衆人發聲喊說了不得了把個縣官唬得目瞪口呆臉上靑黄不定疝氣也唬回去了口中只說這是囘甚麼事那馬步快手一個個亂着腰間抽出鐵尺便去把住正房厨房院門要想拿人內中又有幾個乍着膽子闖將進去裡外屋裡甚至地窨子裡搜了個徧那有個凶手的影兒亂了一陣大家只得請縣官進屋裡坐下再說這位縣官一進門就看見正面墻上寫着碗口來大的兩行字看了看倒有一大半子不認得只得叫過個書辦來念了一遍聽了聽也猜不透怎麽個意思為難了一會說有了好在咱們帶着仵作呢且相驗相

驗就明白了只見那書辦使了個眼色暗暗的合他搖手原來這書辦是本衙門刑房的一個掌案的老吏平日無論有甚麼疑難大事到他手裡沒有完不了的案這案裡頭也沒有作不出來的弊當下縣官見他如此便迴避了衆人問他道方纔我要叫仵作相驗你却搖手這是怎麽個意思那書辦道這一案斷乎辦不得例上殺死一家三命拿不着凶手本官就是偌大的處分如今倒鬧了十幾條人命出來儻然辦出去一時拿不着人太老爺這考程如何保得住縣官道吼你這麽個人難道連個重賞之下必有勇夫也不知道嗎咱們只要多派幾個人兒再重重

的縣上賞還有個拿不住人的書辦搖着頭說道太老爺要拿這個人只怕比海底撈針還難據書辦的風聞這起子和尚平日本就不是善男信女至於這個殺人的看起來也不是圖財害命也不是挾仇故殺竟是一個奇材異能之輩路見不平作出來的縣官道這你又從那裡瞧出來的書辦道太老爺只看他這兩行字就知道了頭兩句說貪嗔癡愛四重關這闍黎重重都犯道分明說是這班和尚平日刼人錢財佔人婦女害人性命傷天害理無所不爲底下幾句道他殺人汚佛地我仗劍下雲端剗惡鋤奸這幾句分明說他路見不平替民除害劈空而來如同

從雲端裡下來的一般把這起子和尚屠了未了一句道是見我時合你雲中相見這個你字是誰他分明指的是太老爺的大駕見得他雖然在地方上殺了許多人却不是畏罪而逃你們要來找我就在雲中等着見你們看這光景就讓太老爺懸千金的賞靠我們衙門這班捕役怎能彀到雲端裡拿人去况且看這幾句話的口氣這人的胆量智謀也就非同小可就便見了他又如何敢動他呢那個時候怎樣的結這個案所以書辦說這個案辦不得縣官道照你這樣說起來這一案敢只算糟透了膛了你還有個甚麽透鮮的主意沒有書辦道據書辦的主意這

一堆尸場只好揀出三個來一個是那胖大和尚一個是那帶髮陀頭那個就是那沒臉的婦人請太老爺吩咐地保遞上一張報單就報說本廟僧人窩留婦女彼此妒奸那陀頭一時氣忿把婦人用刀砍死胖大和尚見砍了婦人兩下爭競用棍將陀頭顖門打傷致命氣絕他自己畏罪情急自戕這等一辦把太老爺失察一家殺死三命的處分也躲開了凶手也不用拿了其餘的尸身講不起費些事刨個坑兒把他們一埋眼前都是太老爺的牙爪誰敢不尊便是那地保他地面上消彌了這等一個大案也省得許多的拖累花消他還有甚麼不願意的再把廟裡

一應的細軟粗重分散給衆人作個賞號只怕大家還樂而爲之請太爺的示書辦這主意如何把個胡縣官樂得滿臉浙笑說先生倒底是你我本來字兒也沒你的深主意也沒你的巧妙咱們就是這等辦了書辦道太老爺還得吩咐頭兒一句說着把那班頭叫來官吏二人言三語四又告訴了他一遍班頭想了想說也只得如此小的們遵太老爺的吩咐就去辦去只是一時那裡有這許多鐵鍬钁頭刨那坑去低頭爲難了一會忽然說有了小的方纔到廚房院裡見那裡有口乾井如今把井面石撬起來把這些個無用的死和尚都擱下去廟裡有的是磚頭瓦

塊糞堆爐灰蓋好了照舊把井面石壓上索性把井口塞了吩咐地保找兩個泥水匠在井面上給他砌起一座塔來算個和尚墳這場功德就完了縣官聽了把手一拍說這主意更高少時批賞你們倆是頭分兒二人先謝了出來暗暗的告知眾人大家聽了一來是本官作主二則又得若干東西就不分書吏班頭散役仵作甚至連跟班轎夫大家動起手來直鬧了大半日纔弄停妥留下地保一面廟外找人掩埋那兩個和尚一個婦人的尸身一面找泥水匠砌搭一面補遞報單諸事料理完畢大家趁此胡擄了些細軟東西只剩了四個張口獸的馱騾沒人要便

人了太老爺的官馬號縣官便打導回衙撥地保那張報單五路遞詳上去奉到憲批批了如詳辦理四個大字把一樁驚風駭浪的大案辦得來雲過天空那地保另招了兩個老實和尚在廟募化裝修不上幾年倒把座能仁寺募化的重修廟宇再塑金身這是後話不表列公你道十三妹這兩行字兒有多大神煞却說安公子一行人別了十三妹趲行來張老路上向他道姑爺咱們今日走半站罷大家都得歇歇了安公子正在那裡心裡盤算想着十三妹此去不知果然可去給我找那塊硯台他這張彈弓不知果然可能照他說的那等中用儻然兩件事都無

着如何是好心中萬緒千頭在牲口上悶悶不語忽聽得張老合他說話便答道正是如此說話間又走了一程只見前而有幾座客店就揀了一座乾淨店而住下大家忙着搬行李洗臉吃飯都不必煩瑣一時諸事完畢張老陪了安公子在一間他母女二人另在一間住下那張老婆兒便催張金鳳道姑娘偺早些兒睡罷昨兒鬧了一夜了張姑娘道偺們娘兒兩個車上睡了一道兒了你老人家這時候又困了天還大亮的那裡就講到睡覺了呢咱們還有許多事没作呢張老婆兒道還有傄事呀張姑娘道你老人家外道喲不要儘只慪人來了張老婆兒道可罷

了我了偺事兒呢哦你要溺尿啊你那馬桶我早給你拿進來咧他女兒急了道瞧誰倒是只是要撒溺呢張老婆兒道這可悶殺我了你說罷張姑娘這纔低着頭紅着臉說道你老人家瞧他身上的那鈕襻子都撕掉了那條褲子濕漉漉的塌在身上可叫人怎麼受呢一句話提醒了那老婆兒說可是的了你等我告訴他換下來我拿條那個木盆給他把那個溺褲洗乾淨了你給他把那鈕襻子釘上說着往外就走張姑娘連忙叫住道媽你老人家先回來那老婆兒道還有甚麼呀張姑娘道沒甚麼了你替人家可不要說我說的那老婆兒一面答應一面走到那

屋裡把前番話向安公子說了這安公子纔作了一天的女婿又遇見這等一個不諳詞令的丈母娘臉上有些下不來說我換上了鈕襻兒將就着罷說了兩次那丈母娘可彆不住了說姑爺你換下來給我快拿去罷不的時候姑娘他也是着急張老又在旁邊攛掇這安公子纔打發開丈母娘換下那條塌乾了的溺褲子連衣服一併着張老送了過去張姑娘見他母親在那裡忙着洗褲子只得自已把那衣裳的鈕襻了一個個的釘好了他母親直等把那洗的褲子收拾停妥送了過去娘兒兩個纔睡列公這椿事却不可看作張姑娘不識羞張老婆兒不辭勞要

知女婿存半子之親夫妻爲人倫之始有了這樣人情然有這樣人情不然一個根兒裡想不到一個根兒裡不耐煩你叫他從那一頭兒着那一頭兒勞起這却與那等女兒嬌得慣老兒嬌得慣的大不相同閑話少說却講那張老一心記罣着十三妹囑咐的明日過牤牛山倒要早走的這句話那天纔四更便爬起來喂牲口裝車傾催着大家起來收拾動身又囑咐安公子道姑爺你可記着十三妹姑娘的話到跟前千萬莫要怕的說不出話來安公子笑道你老人家放心莫打量小婿還是昨日的安驥我只從昨日受了那和尚的一番折磨又經了十三妹姐姐的

一番教化不覺得膽粗氣壯起來況且死生有命譬如非日的事可是怕得來的今日不但性命無傷而且姻緣成就可見這事自有天作主萬事仗皇天怕他怎的只是我倒不信這張小小的彈弓兒說得來這樣的中用那張姑娘算感激定了那位姐姐信定他的話了見安公子如此說恐怕他一時猶疑誤事待要合他說話還是個沒過門的媳婦臉上未免下不來只得搭訕着向父母說道爹媽我這姐姐斷不會說假話賺人的況且他昨日不救我們有甚麼使不得救了我們他更不必顧我們路上的事不借給這張彈弓又有甚麼使不得他何必妄口說這大話

此理可信我們斷不可猶疑三人聽了齊説有理張老便算清店錢叫店家開了店門上路此時正是二十前後天氣後半夜月色正亮一行人出了店門趁着月色行了一程遠遠的早望見那座牯牛山只見黑壓壓的樹木叢雜烟霧瀰漫氣象十分凶惡張老道姑爺留神快到了一句話未完只聽得山腰裡吱的一聲骲頭响箭一直射在半空裡去説書的這强盗這枝箭放着人不射他爲何要射在半空裡他只要使一枝梅針箭那人豈不應弦而倒爲何倒要用骲頭箭他還是射鴿子呢還是射帽子呢列公不然大凡作强盗的敢於攔路刼財了斷不是三個五個

內中有瞭高的把風的動手的接贓的至少也有二三十個人並有大家擠撩在一塊子的理自然是三個一夥五個一夥藏在那山坳樹影之中瞭望等到望見過往的客商到了一隻响箭便算個號令大家纔不約而同的下山這是一二則既作綠林大盜便與那偷貓盜狗的不同也斷不肯悄悄兒的下來放這枝响箭就如同告訴那行人說我可來打刼來了不然爲甚麼叫作响馬呢話休嘵舌却說那安公子一行人正走之間忽然聽得一聲箭响箭响過處早見一羣人簇擁着三個騎馬的强人拍喇喇從半山裡跑將下來一字兒擺開攔住去路只聽爲頭的那

個大聲吆喝他說的却不是留下買路錢再走的那句鼓兒詞他那話只得兩個字說站住張老是心裡有了底兒的聽得一聲站住便把牲口攏住鞭子往後鞦裡一掖抄着手靠來車轅站住不動也不答話這個當兒要說安公子果然不怕沒這情理一則是曾經和尚那等的性命相撲合十三妹那等的電雷交作覺得曾經滄海難爲水二則也仗着十三妹的這張彈弓是個護身符料想無妨三則事到其間也無法了只得把驢兒一磕迎上前去那三個騎馬的強人正攔着路見一個少年身背彈弓迎來早各各的把兵器掣在手裡閉住面門當下安公子走到跟

前在驢兒上一拱手說道衆位好漢請了我們正要趕路列位攔路不放前行却是爲何那三個强人只認作他是個纔出馬的保標的答道咧行家莫說力把話你難道沒帶着眼睛還要問却是爲何所爲的要合你借幾兩盤纏用用安公子道列位且慢盤纏却有幾兩只是我費了萬苦千辛弄來要去救父親性命的因此不好奉送但是列位既入寶山斷無撒手空囘的理我這裡有小小的一張彈弓却還値得幾文這叫做寶劍贈與烈士拿去算發個利市如何說着就把彈弓褪下來遞將過去那爲頭的强人道靠你這張彈弓又値得幾何也値文謅謅的費這些

話白我勸你把這些話收了快把金銀獻出來還有個彿眼相看不然太爺們就要動手了安公子道且請看看這彈弓果然不值一笑那時我再送金銀不遲那爲頭的強人聽了把手中的那竹節虎尾剛鞭伸過來把彈弓一挑接在手中先覺得分量沉重復在月光之下翻覆一看口中大叫說了不得險些兒不會悞了大事說着掖起鋼鞭拿了彈弓滾鞍下馬左右兩個強人見了不知是何原故也下了馬手下的帶過馬去只聽爲頭的那強人向安公子問道尊客是從青雲峰十三妹姑娘那裡來麼安公子一聽這十三妹三個字是爛熟的了這青雲峯可是那

裡呢況且我又本不是從青雲峯來不用管他且答應他半句因說道我正是從十三妹那裡來强人道十三妹姑娘可有甚麼交代安公子道我同他分手的時節他道我此番載着金銀行走定從牤牛山經過難保列位不下來借盤纏所幸列位都是些仗義踈財的豪客與那尋常之輩不同因此付我這張彈弓做一個討關的憑據他還說請列位看他這張彈弓分上借我兩頭牲口還請兩位壯士一直護送我們到淮安地面日後十三妹見了列位定當面謝那强人聽了哈哈大笑道言重言重這個怎敢這彈弓還請收好十三妹姑娘吩咐的話一一如命說着回

頭向那兩個頭目道就是你們老弟兄倆辛苦一盪罷二人領命急忙間山打點行李牲口去了這裡衆人從你一言我一語問安公子的名姓安公子道學生姓安單名一個驥字只見內中一個小頭目走過來問道尊客方纔說到淮安請問有位安太老爺諱叫作學海的同尊客可是一家安公子道那正是我的老人家此番帶了這項金銀就爲了父親的官事那小頭目道原來是安少爺那安太老爺是淮安地方上一點福星小人們的家堂佛一般眞眞廉明公正不想被河台大人參了一本誰人不說冤枉小人從前原也作些小道兒上的買賣後來洗手不幹就

在河工上充了一個夫頭因看了看作官的尙且這等有究沒處訴何況我們百姓想了想還是當强盜的好因投奔山上落草如今難得遇見我恩官的少爺敢煩大哥把少爺請到寨裡用些酒飯也見得我們的義氣安公子連連推謝說本該奉擾只是現同着家眷不便那頭目還再三的儘讓倒是爲頭的强人說這話使不得慢講你恩官面上只看十三妹姑娘我們合山的人都該盡些人情但是公子是宦門你我是綠林隔着一道門檻兒呢如何請到寨裡去徇人情的事小輕慢了公子的事大竟可不必大家都說有理那小頭目也只索罷了說話間山上去的

兩個人早已拉了兩頭騾子連他們的隨身行李器械都帶下來隨手就把那邊套拴好套上牲口那爲頭的便吩咐道你二位這邊可莫當兒戲一來要守十三妹姑娘的規矩二則要保山寨的臉面講不得辛苦一路上逢山開路遇水疊橋甚至打店看車都是你二位的事到了地土不可露盤兒趕緊的回山要緊那二人諾諾連聲一一的領命說完他又向安公子道公子你我今日相逢三生有幸只是叫禮字兒管住了我們連一盃水酒也不會備得如今有這兩個人同去路上不怕衝風破浪萬無一失保你安穩無事直到淮安日後儻然再見了十三妹姑娘只

說我海馬周三同着截江獺李老避水猞韓七三個人憑着這張彈弓巴結了些些小事不足掛齒這天也快亮了我們不往前送就此告別回山說着上了馬打聲唿哨一羣人馬先回山去了這裡李老韓七早吆喝着車輛動身安公子也上了牲口仍舊背上彈弓同行他一行人這纔把心放下安公子在驢兒上心中着實的感念十三妹口中不言心內暗想道再不想那等一個小小女子有許大的聲名偌大的神煞只是我看那般人的滉仗氣槪大約本領也不弱爲何如此的敬重這位十三妹姑娘是何原故呢且不表安公子一路心中猜度郤說李老韓七兩個

一路上眞個的是小心謹愼不辭勤勞不但安公子省了多少心神連張老也省得多少辛苦沿路上並不是不曾遇見歹人不是他倆人勻一個迷邏的先去看風就是見了面說兩句市語彼此一笑過去果然不見個風吹草動話休饒舌不則一日已近淮安地界那截江獺避水獝雨個總住牲口向安公子道前面再二十里就是淮安府城東關裡了我們不好前進見見公子我們回去了安公子聽說先道了他二人的一路辛苦又囑吩上覆他家寨主回手便向車上取下兩封銀子來每人五十兩給他們作盤費兩人那裡肯受齊聲道這個斷不敢領一則呢是十

三妹姑娘的委派再我們頭領也有話在頭裡只要公子日後見着十三妹姑娘說我們兩個這一盪還不算藏私偷嬾我們這臉上就沾了光了說着一個認鐙跨上騾子那個把邊套搧繩搭在騾子上騎上那頭劃騾子一直的向北去了安公子只得將銀子收好因向張老道不想這強盜裡邊也有如此輕財仗義的張老道姑爺俗話兒說的行行出狀元又說好漢不怕出身低那一行沒有好人哪就是強盜裡也有不得已而落草的翁婿兩個一路閒談已適到東門關廂那府城的地面水與小地方不同又有何台大人駐劄在此那繁華熱鬧也就不減一個小省

分的省城只見兩邊舖面排山也似價開着大小客店也是連二併三張老同安公子便找了一座小店安頓家眷行李那張家母女二人進店下車先張羅着洗臉梳頭預備好去叩見新婆婆會新親家安公子向張老道泰山你老人家張羅行李罷我可要先打聽母親的公館在那裡去了張老說這是要緊的這裡交給我安公子隨即出來到了櫃房裡只看那掌櫃的是個極嗇相的半老老頭兒正在櫃房坐着面前桌上攤着一本賬旁邊擱着一面算盤歸着帳目呢見了安公子進來起身道客人要甚麽安公子拱了拱手道借問一聲有位安太老爺家眷的公館

在那條街上那掌櫃的聽了把安公子上下一打量問道客人你問的可是那承辦高家堰堤工寃枉被參的安太老爺的家眷麼安公子點頭道正是那老頭兒未從說話先咳了一聲道你還要問他的甚麼公館這話說來眞眞叫人怒髮冲冠淚珠滿面一句話把個安公子嚇得目瞪口呆忙問却是爲何那老頭兒纔拍着板櫈道客人你且坐了等我慢慢的對你講這正是不是雷轟隨電掣也教嚇散共魂飛畢竟那掌櫃的老頭兒對安公子說出些甚麼話來下回書交代

兒女英雄傳評話第十一回終

兒女英雄傳評話第十二回

安大令骨肉敘天倫　佟儒人姑媳祝俠女

這回書緊接上回表的是安公子到了淮安府安頓了家眷行李便去打聽安太太的公館急切裡要想母子相見不料一問店家見他那說話的神情來得詫異不覺先吃了一大驚忙問端的那老頭兒讓他坐下纔慢慢的說道若講我們這位安太老爺眞算得江北的第一位好官府也不知怎麼惹着這位河台大人了把他革了職下在監裡還追他的銀子這也罷了到了這位官太太了既是安太老爺遭了事憑他怎樣我們這位山陽縣也該看同寅

的分上張羅張羅他誰家保的起常無事也不要前人撒土迷了後人的眼哪誰想他全不理會如今那位官太太落得自家找了個飯店住着客人你想可傷不可傷你還問他的公館在那條街呢安公子聽他絮絮叨叨鬧了半天纔說完了敢則是這等樣一套話纔得把心放下心裡說這個人是怎麽個說話法子只是他天生的這樣的滯礙人也就無法況且聽他的話倒是一片良心不好怪他只得耐着煩又問他道這飯店在那裡那店家道就在東邊兒隔一家門面聚合店就是安公子聽得辭了店家出了這店門走了不上一箭多路果有個聚合店問了問說

安官府的家眷在儘後一層住着安公子也不等通報一直徃後走了去郤說安老爺當日出京家人本就無多自從遭了事中用些的長隨先散了便有那班一時無處可走且圖現成茶飯的因養不開多人也都打發了梁材是打發進了京了安老爺只有戴勤同他女婿隨緣兒還有小程相公在那裡照料伺候店中單剩下一個晉升帶了兩個粗苯雜使小子支應偏值晉升又出去買東西去了雖有兩個打雜的在那裡他又不認得公子因此公子進了店並不曾遇見自家一個人一直走進後院見戴勤媳婦背着臉在墻根前洗衣服公子也不及招呼他忙忙的

進了房門只見窄巴巴的三間小屋子掀起裡間簾子進去一眼就看見太太坐在挨牕戶在那裡成裹帽頭兒呢那安太太正在低頭作針線一抬頭見個行裝打扮的人進來正不知是誰一時間斷不想到是公子公子早已請下安去太太定睛一看纔看出是公子來及至看出來倒唬了一跳不覺口中噯喲一聲說我的孩子你從那裡來你可作甚麼來了說着慌得顧不的穿鞋光着襪底兒就下了地一把拉住公子那眼淚望下直流公子也覺心中十分傷慘哽咽難言這個當兒女人丫頭聽得太太說話都進來了一看纔知是大爺來了這個忙着給太太拿鞋

那個又去給大爺倒茶太太一面提鞋口裡迭連的問誰跟了你來的公子生怕母親猛然聽見路上的情形一定是異常的悲傷驚恐只得說華忠合騾夫兒跟出我來的太太聽得便叫華忠公子只推他那邊店裡看行李呢因請太太坐下太太又催他快說來的原由公子纔慢慢的回道母親且莫着忙兒子先請示我父親這一向身子可安應交的官項都有了不曾太太聽了先歎了口氣道咳都是僧們家的家運只說是出來作外官誰想外官是這麼個味兒幸而你父親的身子很好這也是自己素來的學問涵養看得穿把得定說這幾天臉面倒好了也不

是他們叫我寬心喲只是這官項這裡纔有了幾百銀子給烏大爺帶了信去這些日子了也沒個回信兒直叫人怎的不着急呢公子道母親不必着急了如今這項銀子兒子已經如數帶了來了只怕還有餘況且我父親身子也狠好母親也見着兒子了這正該喜歡纔是安公子這話原是先要把母親安慰生了然後好說路上的話那安太太聽了果然又是暢快又是納罕說本可是的只是小子你一時那裡去張羅得這些銀子說着又問梁材他難道這樣快就到了家了麼公子道並不曾見着梁材兒子這盪出來說也話長若不虧上天的慈悲父母的蔭庇兒

子險些兒不得與父母相見作了不孝之人說到這裡自
已掌不住先哭了太太見這光景急得滿面淚痕忙又一
把扯住他道這是怎麽說你快說給我聽公子勉強陪笑
道母親不要着急兒子此刻是好好的見着母親了還有
甚麽急的只是這段情節不可不細細回稟父母知道安
太太順手就把他拉在挨炕一個杌櫈上坐下說你坐了
說這安公子斜僉着坐下纔從頭把他在家怎的聽見父
親被事的信一心懸念不及下塲怎的趕緊措辦銀兩帶
了他嬷嬷爹華忠並劉住兒出來到了常新店怎的劉住
見丁憂回去叫趕露兒趕露兒至今不曾趕到到了茌平

華忠怎的一病幾死不能行路只得打算找那褚一官來
送我到淮安太太直着眼綳着眉聽一句難過一句聽到
這裡說喲這姓褚的又是個甚麼人兒啊公子連忙說明
原故太太又着急道難道就這等一個生人就送了你來
了嗎公子道要得他送來倒又沒事了太太問道怎麼難
道還有甚麼岔兒麽公子又把到了店裡怎的打發騾夫
去。着褚一官那個當兒怎的來了個異樣女子並那女子
的相貌言談舉止裝束以至怎的個威風出衆神力異常
落後怎的借搬那塊石頭進房坐下便不肯走怎的他見
面便知我路上的底細怎的開口便問我南來的原由及

至問明原由他怎的變色含悲起身就走臨末又怎的千叮萬囑叫務必等合他見而然後動身怎的許護送我到淮安保我父子團圓人財無恙太太道這個女孩兒怎的道等的神道哇就算他有本事罷一個女孩兒家可怎麽合你同行同住呢莫非不是個正道人罷只是他怎麽又有那樣的大力量呢這可鬧煞人了公子道彼時兒子也是如此想誰知大不然他不但是個正道人竟是一副兒女情腸英雄本領更兼一團的聖賢學問若不斷此人孩兒今日也見不着母親了太太聽如此說忙問道他走了可回來了沒有公子道請母親往下聽這可就怨兒子自

已糊塗了正是他走後去找褚一官的兩個騾夫囘來了太太道是啊這裡頭還夾襍的個甚麼褚一官兒呢他來了也就好了到底有個作伴兒的呀公子說他並不會來據那騾夫說他有事不得分身他家離店不遠就請我到他那裡去住那時兒子一想這女子雖然說得天花亂墜只是他來的古怪去的古怪以至說話行事無不古怪心裡有些信他不及又加着騾夫店家兩下裡攛掇都說這人來的邪道躲了他爲是兒子一時慌不擇路就打算同了兩個騾夫奔到褚一官家去那知兩個騾夫不是好意他並不會到褚一官家去要想把我賺到黑風崗推落山

澗拐了銀子逃走太太聽了急得搓手道這是甚麼話呀公子道母親放心不妨總是天恩祖德五行有救說着又把那到了黑風崗騾夫怎生落下牲口牲口怎的驚得飛跑一直跑到一所大廟纔得站住的話說了一遍太太聽到這裡不禁念了一聲阿彌陀佛說走到佛地上這可好了公子道母親那知道纔闖進鬼門關去了當下又把那自進廟門直到被和尚綁在柱上要剖取心肝的種種苦惱情形詳細說了一遍那安太太不聽猶可聽了這話等時急的滿臉發青唬得渾身亂抖痛得兩淚交流噯喲一聲抱住公子只叫我的孩子你可受了苦了你可疼死我

了你可抗死我了說罷放聲大哭公子想起自已那番苦楚痛定思痛也不覺失聲痛哭兩邊僕婦丫鬟見無不落淚個個上前想勸公子怕痛壞了老人家只得忍淚勸道母親請免傷心兒子現在是好端端的見父母來了母親請想假如那時候竟無救星此時又當如何太太說這是甚麽話呢要那樣可叫我們怎麽活着呀說着緊緊的拉住公子的手不放鬆口裡還說哎這都是氣運傾的無端的弄出這樣大事來小子在你吃這一場苦送這般子來既算你父親沒白養你只是你叫我們作老家兒的心裡怎麽受啊說着抽抽噎噎的又哭起來旁邊丫鬟忙

着倒上茶來吃了一口又遞過手紙去擤鼻涕隨緣兒媳婦便忙着去濕手巾預備擦臉梁材家的纔要裝煙太太說我顧不得吃烟了因拉着公子問道你說說到底又遇見個甚麼救星兒呢公子說道往後都是活路了母親可不要再着急傷心了不然兒子心裡一亂益發說不上來了因說道那日正在性命呼吸之間忽然從空裡拍拍的兩個彈子把面前的兩個和尚打倒緊接着就從半空飛下一個人來鬆了綁繩救了孩兒的性命太太問道道又是誰呀我的天爺公子說母親道是誰就是那日在店中相會的那個女子安太太此時也不及再說閒話止有聽

一句口中吼一句又誦兩聲佛號而已公子隨卽又把那女子怎的掃除了衆僧驗明了騾夫搜着了書信這些情節一直說到贈金送別借弓的話講了一遍就中只是張金鳳這節一時且說不出口太太見公子說到這裡胸中臉上畧爲舒暢纔得騰出心來想事想了想便說到據你這樣說那個姓褚的自然是沒見着倒底是誰跟了你來的公子聽了連忙站起來回道母親問到這裡這其中還有一段戀情兒子不敢不稟知母親不敢就稟明父親這椿事兒子出於萬分不得已此時實在作難實在害怕太太說甚麼事啊你好歹的不要爲難我的孩子你可擱不

住再受委屈了你如果有甚麼不得主意的事不敢告訴你父親有我呢我給你宛轉着說公子纔把那張金鳳的一段始末因由合那媒人怎樣硬作自己怎樣苦辭張家姑娘怎樣俯就所以然的原故從頭至尾抹角轉灣本本源源滔滔汨汨的告訴母親一遍並說此來就虧這張老夫妻同了張金鳳送來的請示母親這事該當怎樣纔好兒子不得主意說罷跪了下去太太一面拉起他來一面心裡沉因暗說這樁事倒不好處若聽那個女孩兒的那番仗義這個女孩兒的這番識體都叫人可感可敬至於親家的怯不怯合那貧富高低倒不關緊要但是我原想

給孩子娶一房十全的媳婦如今聽起來這張姑娘的女孩兒身分性情自然無可說了我只愁你倒底是個鄉間的孩子萬一長的醜巴怪似的可怎麽配我這個好孩子呢想到這裡不禁便問了問那姑娘的歲數兒身量兒然後纔問到模樣兒安公子聽得這一問紅了臉半日答不出來其實安公子不是不會說官話的人或者說相貌也還端正或者說舉止也還大方都沒甚麽使不得無奈他此時又盼事成又怕事不成把害怕爲難暢快歡喜一股腦子攪成一團一時抓不着話頭兒又換磨一會子纔訕不搭的說了三個字說道是長的好安太太聽了這話笑

逐顏開說等我瞧瞧去說着也不等人攙站起來往外就走公子忙笑着攔道母親那裡去自然是我過去告訴明白了叫他來叩見母親豈有母親倒去見他之理安太太道叫人家孩子委屈了一道兒就是他父母照應你一塲我也得給人道個謝去公子又笑道講行客拜坐客也是等他二位來罷道母親就這樣跑到街上去不成太太這纔想過來說是呀眞眞的我也是叫你們胡塗了說着便叫晉升家的隨緣兒媳婦去請張太太合姑娘又派晉升再同上一個粗使的小子幫那位張老爺就連行李一併搬過來列公牢記話頭從此張老頭兒張老婆兒可就

老爺太太了閑話休提安太太趁這個當兒便收了活計吩咐備飯膳挪壓子一時晉升家的隨緣兒媳婦也換了件乾淨衣裳知會了外面的人跟了大爺過去誰想剛出了院門大爺要出恭又抓住晉升細問老爺近日的起居臉面那兩個僕婦惦記着去看新大奶奶帶上那個小子便慢慢的先過去將進得那邊店門早看見一個老頭兒在那裡喂驢那小子上前問了一句說張太太住在那屋裡那老頭兒一時不知問的是誰小子又說明原故他纔帶了大家到店房門外叫了聲媽媽兒安家有客看你娘兒們來了說完他依然去喂驢去了那小子再不曉得這

位就是親家老爺卻說晉升家的進了那間店房只見他
母女二人都在一處纔待說話張太太就問說你倆那個
是安太太呀隨緣兒媳婦到底是個小孩子先忍不住要
笑晉升家的忙道太太不是我們是家下人當奴才的我
們太太打發過來請太太合姑娘那邊坐說着就跪下請
安把個張太太慌的兩隻手拜個不迭二人轉過身來又
給張姑娘請安張姑娘知是婆婆的人便不還禮卻也不
十分羞澀口中無言雙手拉了起來說話間安公子也過
來了便把方纔的話告訴明白張老張老自是歡喜因說
道既這樣姑爺你先同了他娘兒兩個過去我在這裡看

着行李別的不打緊這銀子可是你拿性命換來的好容易到了地土了咱們保重些好公子連說有理晉升早僱了兩乘小官轎來僕婦們便請張太太張姑娘上轎大家跟着抬到聚合店裡來安太太正在盼望晉升進來回張太太同姑娘過來了安太太連忙攙了人迎將出去張太太早進院門只見他着一件簇簇新的紅青布袷襖左手摟着烟袋荷包右手摟着一團藍綢絹子晉升家的跟着生怕又弄錯了上前說道這是我們太太安太太趕着過去雙手拉手張太太是兩隻手都佔着呢只得把摟絹子的那隻手伸了兩個指頭拉住了安太太的手一面哆嗦

谷口裡說好哇太太張太太道不要這樣稱呼看光景比我歲數兒大該叫我妹妹纔是呢張太太道我小呢小龍兒的到年五十二了張太太口裡雖合張太太說話那一副眼光早注到張姑娘跟前只見他眉字開展氣度幽嫺顋靨桃花唇含櫻顆一雙尖生生的手兒一對小叮叮的脚兒雖然是個家常裝束却是滿面春風週身大雅隨緣兒媳婦半扶半攙的拉着隨在他母親身後見了安太太垂下手來安安詳詳的道了兩個萬福安太太連忙拉住他問了問一路風霜光景聽他說話雖帶點外路水音兒却不侉不怯張太太心裡先有幾分願意這纔回頭讓

張太太走一看張太太早已豪着屁股上了台堦兒進了屋子了張太太又讓張姑娘他此時見太太這等的溫和慈厚心裡算早把這個婆婆認定了那裡肯先走安太太便拉了他說咱們娘兒們一塊兒走比及到門他到底讓太太先進去纔罷一時安太太合張太太分賓主坐下丫鬟倒上茶來安太太便讓張姑娘上炕去坐只聽他低聲款語答道這斷不敢我張金鳳此番隨了爹媽護送公子到此原說給太太作些針線或者作個指使纔不是閒茶閒飯養閒人日後名分所關如何敢坐一席話把個安太太疼的不由得摟着他叫了聲我的兒你千萬不要如此

你在廟裡合咱們兩家那位恩人媒人說的話我都盡情的知道了你聽我告訴你不但人家那番恩義不可辜負就是平白的見了你這樣一個人這門親我也願意作你放心罷張姑姑聽了這話心裡先一塊石頭落了地了安太太說着又叫五格呢公子答應了一聲進來安太太道我細想這樁事你媳婦方纔的話是因你那日在廟裡辭婚他得站住女孩兒的身分你辭婚是因不曾稟過我同你父親不敢自主你得循着人子的道理如今雖不曾回你父親見了我我就可以作大半主意甚麽原故呢第一聽着路上的情形他這心地兒性格兒是無可講了就據

這模樣兒只怕打着燈籠兒也找不出這樣一個媳婦兒來至於那貧富高低的話不是咱們書香人家講的我就見有多少人家因較量貧富高低又是甚麽嫡庶誤了大事這話不用合你商量我看你的神情兒也沒甚麽不願意我估量着你父親也必願意這又怎麽見得呢你還記得臨出京的時候你父親說過只要得個相貌端莊性情賢慧持得家吃得苦的孩子那怕南山裡北邨裡的都使得看起今日的這局面來這豈不是姻緣前定麽咱們今日就一言爲定不必再商張姑娘聽到這裡心裡早兩塊石頭落了地了安太太回過頭來便向張太太道老姐姐

你想我這話是不是張太太道我們是個鄉下人兒攀高咧沒的怪臊的可說個偺兒呢俺這閨女可十個頭兒的不弱親家太太你老往後瞧着罷聽說着的呢安太太帶笑答應着又問公子道你們路上匆匆的自然也不會放個定人家孩子可怪委屈的我今日補着下個定禮罷說着把自已頭上帶的一隻纍金點翠嵌寶啣珠的雁釵摘下來給張姑娘插在鬢兒上說第一件事是勸你女婿讀書上進早早的雁塔題名回手又把腕上的一副金鐲子褪下來給他帶上圈口大小恰好合式說和合雙全的罷張姑娘此時心裡可是三塊石頭落了地了帶好釵釧纔

要下拜安太太攔道這點東西倒不要拜今日是個好日子你就先認了婆婆咱們娘兒們好天天兒一處過日子不然你可叫我甚麼呢至於你們磕雙頭成大禮那可得等你公公出來擇吉再辦這大節目是錯不得的當下早有僕婦了鋪下紅氈子仍是晉升家的隨緣兒媳婦扶着那張姑娘便在紅氈上插燭也似價拜了四拜安太太便坐着受了禮說你們攙起大奶奶來吉祥話兒留着磕雙頭的時候再多說兩句罷張姑娘磕頭起來便裝了一袋烟給婆婆遞過去把個張太太一旁樂的張開嘴閉不上說道親家太太我看你們這裡都是這大盤頭大高的

鞋底子俺姑娘這打扮可不隨溜兒不偺也給他放了脚罷安太太連忙擺手說不用我們雖說是漢軍旗人那駐防的屯居的多有漢裝就連我們現在的本家親戚裡頭也有好幾個裹脚的呢原來張姑娘見婆婆這等束裝正恐自已也須改裝這一改兩隻脚踏踏踏踏的倒走不上來今聽如此說自是放心安公子却又是一個見識以爲上古原不纏足自中古以後也就相沿既久了一時改了轉不及本來面目好看聽母親如此說更是歡喜在外間屋裡端了一碗熱茶喝着齜着牙兒不住的傻笑晉升家的粱材家的一班陳些的人便來慪他道眞好俊一位大

奶奶大爺還記得小時候兒見個小媳婦子先臉紅這時候怎麼不羞了公子笑着道你們不用慪我了正經倒碗熱茶我喝罷晉升家的道我的小爺你手裡端的那不呌熱茶嗎咱的了樂糊塗了說的大家大笑公子也不禁笑將起來正熱鬧着外邊家人將銀子行李一起起的搬來交代明白那輛車並牲口就交給店裡照看喂養晉升已在前層收拾了兩間潔淨店房預備張親家老爺住一時行李發完張親家老爺過來安太太忙呌請請了進來只見他穿一件搭襪口的灰色粗布襖套一件新石青細布馬褂繫一條月白標布搭包本是摒帽來的借了店裡掌

櫃的一頂高挑梁兒秋帽兒見了安太太作了一個揖安太太不會行漢禮只得手摸頭把兒以旗禮答之進房坐下茶罷安太太便道了一路照料的致謝又把方纔的話告訴一遍那親家老爺到也本本分分的說了幾句謙虛話又囑咐了女兒一番雖說是個鄉下風味兒比那位親家太太就怯的有個樣兒多了坐了一會便告辭外邊坐去安太太又說你們親家兩個索性等消停消停再說話罷那老兒答應着站起去了安公子這纔敢去見父親並討了母親的主意安太太也把怎樣說法一一的教導他明白這裡便催着給親家太太擺飯書中且不表這邊的

事却說安老爺自從住在這土地祠裡轉瞬將近一月那銀限日緊手下湊了不足千金寄烏學士告助的信至今不見回音梁材進京往返總須兩月且不知究竟辦的成否何如眼前九月初旬已近又正是放榜之期不知公子三場詩文可能望中更奇的是許久不接家信不得家中近日情形公子是出場就動身了啊還是不會上路呢更加此地雖有幾個朋友可談在這縣衙裡又不得常見只有程相公陪着談談偏又是個不大通的雨夕風晨十分悶倦這日飯後正拿了一本周易在那裡破悶只聽墻外人聲說話像有客來的光景正待要問隨緣兒㒰張張的

跑進來說奴才大爺來了老爺也不免唬了一跳說着公子早已進門請下安去起來趕了兩步跪在老爺膝前扶了腿失聲要哭安老爺正在不得意之中父子異地相逢也不免落淚只是嚴父慈母所處不同便不似太太那番光景一面點頭拉起公子來說道你可出來作甚麼因大槩問了問何人跟隨一路行的光景隨即問道你難道沒下場嗎第一句公子就不好登答只得斂神拭淚答道正在場前聽見父親這個信息方寸已亂自問下場也作不出好文章來便僥倖中了父親現在這個地方兒子還何心顧及功名末節所以忙得不及下場趕來見見父母老

爺嘆息了一聲說這却也難怪你父子天性你豈有漠然不動的理不過來也無濟於事我已經打發梁材進京去了算這日期你自然是在他到的已前就動身的我早已料到你聽見這信必趕出來所以打發梁材兼程進京一來爲止住你來二來也爲將家裡現有的產業折變幾兩銀子湊着交這賠項你這事雖不在行到底還算個作纛旗兒如今你又出來了這怎麼樣呢說着縐了眉宛轉思索公子見這光景回道這事已經遵父親的主意辦妥當來了老爺道你方纔說不曾見着梁材自然不曾見着我的諭帖從那裡遵起公子道兒子想除此也别無辦法所

以大膽就作主這樣辦了老爺道這倒難爲你長了只是我計算多也不過二千餘金終究還不足數强如幷此而無且慢慢的湊罷了公子道據現有的數目大約也敷衍着夠了老爺說這又是不知物力艱難的孩子話了如今我這裡纔有不足千金搭上這項不過三千金我雖致信烏克齋他作差次還不知有無便有充其量也不過千金連上平色還差千餘金呢你看着世上的銀子就這等容易公子回道兒子此番帶來約有七千金上下光景便不候烏克齋的信想也足用了老爺聽了這話把臉一沉問道阿哥你在那裡弄得許多銀子我平生於銀錢一道介

介不夠便是朋友有通財之誼也須誼可通財的纔可作將伯之呼你若借了這事向親友各家不問交誼一槩的沿門托鉢搖尾乞憐起來就大不是我的意思了公子此時心下一想事到其間也不得不說了况且父母跟前便是自已作錯了事豈容有一字欺隱莫如直捷痛快的盡情一吐便是有千嚴怒也合受一塲教訓便回道並不曾求着親友只是這樁事說來頭緒也亂情節也多先得求父親不要吃驚着急生氣容兒子慢慢的細稟說着便跪了下去安老爺平日雖是方正嚴厲見這等嬌生慣養一個兒子爲了自已這路跋涉而來已是老大的心疼祇是

有見於愛之能勿勞乎合那玉不琢不成器的這兩句話不肯驕縱了他今又見他如此舉動滿面慘惶更加不忍且料其中必另有一段原故却也斷想不到公子竟洩了這等一場大顛險當下向公子道你不必慌只管起來明明白白的說公子這纔站起身來從家中得信起身一直到今日到店止照方纔回太太的話兩節省的節省應加詳的加詳並合張金鳳聯姻一段一字不落地都據實的稟了他父親書中交代過的嚴父慈母其性則一其情不同況且這位安老爺又是才學識三者兼備的人當公子說的時節便不肯用話打他的岔默默凝神靜氣去聽但

見他聽着忽而搖頭忽而點頭忽而抬頭忽而低頭那心裡大約是驚一番喜一番感一番痛一番直等把話聽完了纔透過這口氣來不由得一陣酸心兩行熱淚公子也嗚咽惶恐個不住安老爺定了一定長出了一口氣纔向公子道這椿事我都聽明白了你想我聽着怎能勾不驚到了此時却急也無益更無氣可生只是苦了你了你如今不必害怕着忙聽我告訴你你此番爲我出來這是天理人情無所爲錯況又受了這場掀天風浪難道我還責備你不成然而這事却是都由你少不更事而起你想這條路帶着若干的銀子便華忠跟着且難保無事何況你

孤身一人以致險遭不測你想儻然果遭不測不但你成了罪人連我也是個罪人了比起你給我送銀子來孰輕孰重及至你在店裡遇見那個甚麼十三妹女子却純是你不學無識了方纔聽你說起那情景來他句句話與你針鋒相對分明是豪客劍俠一流人物豈爲財色兩字而來你千不合萬不合不合那一走纔是這就叫作吉凶悔吝生乎動了哇再講到那騾夫和尚原是天理人情之外的事也難怪你見不及此只是果然不走這禍又從何而來呢至於你受那十三妹的金銀允那張金鳳的姻事這兩樁事你自己以爲大錯我倒原諒你何也聖人說觀過

知仁原不盡在黨字上講當那進退維谷的時候便是個練達老成人也只得如此何況於你又何況你心裡還多着爲我的一層倒是我作老家兒的不會蔭庇到你轉叫你爲我先受了累了這是我心裡難過的去處如今完項金銀也還算得從義路而來此時也無法不受況且我也正用得着竟是用了他的了成全那女子一番義舉合你一片孝心我們再圖後報那張家姑娘方纔聽你說來竟是天作之合的一段姻緣你可不准嫌他父母鄉愚嫌他鄙陋稍存求全之見如今竟是以前言爲定趂等我完了官事出去給你們作合想來你娘也沒甚麽不肯的公子

聽一句應一句緊記了母親的話說且慢說方纔放定的一層今聽安老爺如此一問乘勢回道看母親的光景也以爲必當作合只是不得父親的話不好就定還叫兒子請示老爺說那更好了你略歇歇兒就先過去把這話說給你娘並致意你岳父岳母叫他二位好放心你也無可爲難着窄了安公子聽完這話一切得了主意心裡一想暗道我安驥修了幾生有多大的造化得這樣恩勤覆育的二位老人家想到這裡轉不禁痛定思痛感深而泣安老爺道這又哭甚麼不必哭了再哭就叫不着要了公子這纔收了淚痕換出笑臉詳問父親的起居眠食老爺說

你此時且不必絮叨先把方纔的話去說了就換了衣裳來跟我吃了飯今日就在此住我還有話說呢你丈人那裡我請程相公替我陪去公子領命退出本是僱了乘小轎來的仍坐了那小轎飛奔回店見了安太太也不及細說笑嘻嘻的道我父親沒生氣都依了安太太道我早曉得了我只管那等叫你去了到底不放心打發人跟了聽去回來回了我都知道了這好極了你去陪你丈人吃飯去罷公子又把父親還叫回去并請程相公陪着的話回明忙忙的換衣回去他父子纔得說一番無限離情敘一番天倫樂事這話暫且不服多談趕回來再講店裡却說

那張老有程相公在那裡陪着一個講的是抄謄繕寫一個講的是耕種刨鋤說了一晚也不會說到一處那張太太是提着精神招護了一道兒女兒女婿到了這裡放了乏了晚飯又多飲了一盃更加郁裡的人兒不會熬夜纔點燈就有些上眼皮兒找下眼皮兒打了兩個哈欠說道要不偺睡罷張姑娘正要合婆婆多親熱一刻說我還不困呢媽先睡去罷那婆兒更無謙讓遛西間去脫了衣裳躺下就着了這裡安太太叫張姑娘上了炕纔細細的問他家鄉路上一切閒話說到路上那張姑娘不住的十三妹姐姐長十三妹姐姐短安太太這纔知道那位救命的

姑娘叫作十三妹張姑娘又把十三妹的形容舉止並定親以前怎樣先私下問他許多的話都傾心吐膽的告訴了婆婆安太太更是心感因說道這位姑娘不要真是位菩薩轉世罷只是你們受了他的好處還當面給他道了個謝我可那裡謝他一聲去呢我方纔心裡許了個願等十五日在天地前上個滿堂供焚個滿斗香一來答謝上天叫咱們父子婆媳完聚的天恩二來祝贊着那十三妹姑娘增福延壽將來得個好婆婆好女婿我還打算另設張卓兒望空遙拜他一拜心裡纔過的去呢張姑娘道這個只怕使不得他合媳婦結了姐妹在婆婆看着也是孩

子一樣這一拜他斷當不起媳婦到有個見識媳婦本也有個願心許下給他供個長生祿位早晚禮拜願生生世世合他托生一處婆婆想着使得使不得安太太聽了說狠好就是這樣咱們娘兒們都是十五那天還願婆媳二人又談了許久聽了聽那天已交四更纔各歸寢列公聽這回書不覺得像是把上幾回的事又寫了一番有些煩絮拖沓麼却是不然在我說書的不過是照本演說在作書的却別有一段苦心孤詣這野史稗官雖不可與正史同日而語其中伏應虛實的結構也不可少不然都照宋子京修史一般大書一句了事雖正史也成了笑柄了至

於聽書的又那能逐位都從開宗明義聽起非這番找足前文不成文章片段並不是他消磨工夫浪費筆墨也因這第十二回是個小團圓正是兒女英雄傳的第一番結束也這正是好同源頭通曲水再從天外看奇峯要知後事何如下回書交代

兒女英雄傳評話第十二回終

兒女英雄傳評話第十三回

敦古誼集腋報師門　感舊情挂冠尋孤女

這回書接着上回表的是安公子回到店裡把安老爺的話回明母親並上覆岳父岳母大家自是異常歡喜張姑娘心裡益發佩服十三妹的料事不差那張老自有程相公照料安公子便忙忙的換了家常衣服赴縣衙而來那些散了的長隨還有幾個沒找着飯主滿處裡打游飛的聽見少爺來了又帶了若干銀子給老爺完交官項老爺指日就要開復原官都趕了來借着道喜要想喝這碗舊鍋的粥老爺見這班人本無人味又沒天良一個個善言

辭去內中只有個葉通原是由京代出來的雖也是個長隨因他從幼也讀過幾年書讀的有些獃氣自從跟了安老爺他便說從來不曾遇見這等一位高明渾厚的老爺立誓不再投第二個主人安老爺給他薦了幾處地方他都不肯去甘受清苦老爺見公子無人跟隨叫他且伺候公子恰好趕露兒也趕到了安老爺因他誤事正要責罰嚇的他長跪不起只得把劉住兒到家一時痛親昏瞶忘說後纔想起隨即趕來的話回明老爺見其情由可原仍派他跟隨公子說着擺上飯來又有太太送來幾樣可吃的菜並下馬麪原來安老爺酒量頗豪自已却不肯濫飲

每飯總以三五斤爲度因向公子道我喝酒你只管坐下先吃飯不必等我公子便搬了個坐兒坐在横頭一時吃飯盥漱已畢安老爺便命他隅坐侍談這纔問了問京中家裡一切情形因長吁道我讀書半世兢兢業業不敢有一步踰閑取敗就這迂拙兩個字是我的短處不想纔入宦海就因這兩個字上誤事幾乎弄得身名俱敗骨肉淪亡今日幸得我父子相聚而且官事可完如釋重負這都是上蒼默佑惟有刻刻各自修省勉答昊慈而已至於你從出土兒就遭了這場顛沛流離驚風駭浪更是可憐又安知不是我家素來享用稍過福薄災生以致如此經此

一番未必非福此時都無可說了只是我方纔細想你在那能仁寺遭的這場事在那班和尚傷天害理爲天理所必誅無所爲寃在那個女子取義成仁仁至義盡無所爲孽我們心裡便無所爲過不去我只慮地方上弄了這等一樁大案儻然遇見個廉明官兒查究起來倒是一樁未完的心事公子說這事大料無妨前日在路上聽見各店裡沸沸揚揚的傳說茌平縣黑風崗廟裡一個和尚一個陀頭一個女人因爲妬奸彼此自相殘害經本縣的一位胡縣官訪察出來那地方上百姓也有受過那和尚荼毒的人人稱快感念那位胡縣官都稱他作青天太爺安老

爺笑道此所謂齊東野人之語也那時葉通正在那裡伺候老爺吃飯便回道這話大約是真的老爺道你又怎麽曉得葉通道這裡的二府就合在下的這位胡太爺是兒女親家奴才有個舅舅跟胡太爺昨日打發來看姑奶奶他也是這等說還說胡太爺因此上台見重說他留心地方公事還保了卓異了呢老爺聽了不禁大笑說這可叫作天地之大無所不有了若果如此不但那女子可以遠禍我們也可放心公子答應了個是就趁勢回道倒是兒子這裡另有件未完的心事老爺忙問何事公子便把失了那塊硯台的話說出來老爺先說了句可惜便問怎的

會丟了公子道只因正在貪看十三妹在墻上題的那折詞兒他又催促着走一時匆匆的便遺失了安老爺問又是甚麽詞兒公子見問便從靴掖裡把自已記下的個底兒掏出來請老爺看安老爺看了一會說這個女子好生奇怪也好大神煞你看他這折北新水令雖是不文一邊出豁了你一邊擺脫了他既定了這惡僧的罪名又留下那地方官的出路看他這樣機警那硯台他必不肯使落他人之手只他這詞兒裡的甚麽雲端雲中自是故作疑人之筆他究竟住在何處你自然問明白了公子道也曾問過無奈他含糊其詞只說在個上不在天下不着地的

地方住並且兒子連他這稱謂都留心問過問他這十三妹三個字還是排行還是名姓他也不肯說明老爺道吭這是甚麽話無論怎樣你也該問個明白在他雖說是不望報難道你我受了人家這樣大德今生就罷了不成公子見父親發訓也不敢辯說他怎生的生龍活虎一般我不敢多煩瑣他只得回道將來總要還他這張彈弓取我們那塊硯台想來那時也可以打聽得出來的老爺只是搖頭一面口裡却把那詞兒裡雲中相見四個字翻來覆去不住的念又用手把那十三妹三個字在桌子上一豎一畫不住的寫默然良久忽然的把桌子一拍喜形於色

說道得之矣我知之矣因忙問公子道這姑娘可是左右鬢角兒上有米心大必正的兩顆硃砂痣不是罷了這公子實在不曾留心只得據實答應老爺又問道那相貌呢公子道說起相貌來却是作怪就合這新媳婦的相貌一樣不但像是個同胞姊妹並且像是雙生姊妹老爺道這又是夢話了我又何曾看見你這新媳婦是怎生個相貌呢公子一時覺得說的忘情扯脖子帶臉臊了個緋紅老爺道這又臊甚麼說呀公子只得勉强道此時說也說不周全等父親出去看了媳婦就明白了大約這個是一團和氣幽嫺那個是一派英風流露老爺聽了笑了一笑說

道文法兒也急出來了公子也陪着一笑列公天下第一樂事莫如談心更莫如父子談心更莫如父子久別乍會異地談心尤其莫如父子事靜心安苦盡甘來久別乍會的異地深夜談心安老爺合公子此時眞眞是天下父子第一樂境正所謂等閒難到開心處似此開心又幾回了公子見老人家心開色喜就便請示父親方纔說到那十三妹父親說得之矣知之矣敢是父親倒猜着他些來歷麼老爺道豈但猜着此事你固然不得明白連你母親大約也未必想的到此我心裡却是明白如見此時且不必談等我事畢身閒再慢慢的說向我自然還有個道理公

子聽如此說便不好再問只是未免滿腹狐疑那時不但安公子設疑大約連聽書的此時也不免縈悶無如他著書的要作這等欲擒故縱的文章我說書的也只得這等依頭順尾的演說大衆且耐些煩少不得聽到那裡就曉得了閑話擱起一時安老爺飯罷收拾了傢具又同安公子計議了一番公事如何清結家眷怎的位置公子便在父親屋裡小牀上另打了一鋪睡下衆家人也分投安置一宿無話次日清早安太太便遣晉升來看老爺公子並叫請示那銀子怎的個辦法早一日完了官事也好早一日出去老爺便教公子去告知他母親這事不忙在一刻

再候兩三日烏克齋總該有信來了那時再定規你也就去合你娘親近親近去公子纔要走晉升回道請大爺等一刻再走罷將纔奴才來的時候街上正打道呢說河台大人到馬頭接欽差去已經出了衙門了路上撞見又得躲避老爺問道也不會聽見個信兒忽然那裡來了這等一個欽差晉升道奴才們也是纔聽見說說是一位兵部的甚麼吳大人這位欽差來得嚴密得狠只帶着兩個家人坐了一隻小船兒昨夜五更到了馬頭天不亮就傳馬頭差到船上交下兩角文書來一角劄山陽縣預備轎馬一角知照河台欽差到境這裡縣太爺早到馬頭接差去

了安老爺心想那個甚麼吳大人莫非吳侍郎出來了他是禮部啊此地也不會聽見有甚麼案這欽差何來呢斷不致於用着欽差來催我的官項呀大家一時猜度不出老爺道管他橫豎我是個局外人於我無干去瞎費這心猜他作甚麽說着只聽得縣門前道府廳縣各各一起一起的過去落後便是那河台鳴鑼喝道前呼後擁的過去直等過去了公子纔得回店話分兩頭你道這位欽差是誰原來就是那號克齋名烏明阿的烏大爺他在浙江差次就接到吏部公文得知由閣學升了兵部侍郎把浙江的公事查辦清楚拜了摺子正要回京覆命謝恩遂由水

路走出一程又奉到廷寄命他往南河查辦事件這正是回程進京必由之路他便且不行文知照把自己的官船留在後面同隨帶司員人等一起行走自己却喬粧打扮的僱了一隻小船帶了兩個家丁沿路私訪而來直等靠了馬頭纔知照地方官把個山陽縣嚇得忙着分派人打掃公館伺候轎馬預備下程酒飯鬧的頭昏纔得辦妥只是欽差究竟爲着何事而來不能曉得這正是首縣第一樁要緊差使爲得是打聽明白好去答應上司是個美差他一到馬頭便上手本叩安稟見不想欽差止於傳話道乏不會傳見看了看船上只得兩個家人連門包都不收

料是無處打聽費盡方法派了個心腹能幹家人把船家暗暗的叫下來問他端的又許他銀錢那船家道他僱船的時候我只知他是夥計三個到淮安要賬來的一路也同我們在船頭上同坐問長問短的一直到了馬頭見大家出來接差我纔知他是個官府誰知道他作甚麼來的呀那家人聽了無法只得回復縣官把個山陽縣急得搓手一時大小官員都到緊接着河台到船拜會早見那位欽差頂冠束帶滿面春風的迎出艙來河台下船只得在那小船裡面向上請了聖安烏大人站在一旁說了句聖躬甚安二人見禮坐下河台滿臉青黃不定勉強支持着

寒暄了幾句又不敢問到此何事倒是烏大人先開口說道此來沒甚麼緊要事上意因爲此番回京此地是必由之路命順路看看河工情形這河工的事自已實在絲毫不懂前在浙江但見那些辦工的官員實在辛勤苦累大人止把那沿路工段教人開個節畧見賜便可照這節畧畧查一查迴奏就算當過這差去了自已也急於要進京謝恩恐不能多躭擱地方上一切不必費事這船上實在褻瀆下船就先奉拜再長談罷那河台聽了這話纔咕咚一聲把心放下去那恭維人的本領他却從作佐雜時候就學得濫熟又見烏大人這等謙和體諒心裡早打算到

這禍破個二三千銀子送他也値左右向那些工員身上撈的回來的因此着實的頌揚了欽差一陣纔打導回院河台走後各官纔上手本烏大人都回說船上過窄公館相見大家只得紛紛進城河台早把自已新得的一乘八人大轎並自已新作的全分執事送來又派了武巡捕帶了許多材官來接烏大人便留了一個家人收拾行李搬進公館自已只帶一個家人跟着前頭全副執事攤開衆材官擺隊的擺隊扶轎的扶轎馬頭上三聲大炮簇擁着欽差那頂大轎浩浩蕩蕩鴉雀無聲奔了淮城東門而來一進城門武巡捕轎旁請示大人先到公館先到河院那

大人只說得一句先到山陽縣那巡捕應了一聲忙傳下去心裡却是驚疑怎的倒先到縣衙呢那個當兒山陽縣的縣官早到公館伺候去了原來外省的怯排場大凡大憲來拜州縣從不下轎那縣官到隱了不敢出頭都是管門家丁同着僩房書吏老遠的迎出來道旁迎着轎子把他那條左腿一跪把上司的拜帖用手舉的過頂鑽雲口中高報說小的主人不敢當大人的憲駕如今這山陽縣門上聽得欽差來拜他們太爺他更比尋常跑得腿快喊得聲高只見那欽差也不用人傳話就在轎裡吩咐道我不是拜你主人來了那門丁聽了嚇得爬起來找了條小

路往回就跑此時但恨他爹娘少生了兩條腿將跑到縣門欽差的轎子已到他又同了衙役門前伺候又聽得欽差問道有位被叅的安太老爺想來是在監裡呢門丁忙跪稟道不在縣監在縣頭門裡典史衙門土地祠欽差便命打導典史衙門把個管獄的典史登時嚇得渾身亂抖口裡叫道皇天菩薩自從周公作周禮設官分職到今日也不會聽得欽差拜過典史這是甚麽勾當呀慌得他抓了頂帽子拉了件褂子一路穿着跑了出來跪在門外口中高報山陽縣典史郝盤藝叩接大人轎子過去了良久他還在那裡長跪不起兩旁衆人都看了他指點着笑個

不住他也不知衆人笑他何來及至站起來自已低頭一看纔知穿的那件石青褂子鑲着一身的狗牙兒絲子原來是慌的拉差了把他們官太太的褂子穿出來了咳正所謂宦海無邊孽海同源作官作孽君自擇焉閑話休提却說那欽差到了典史衙門望見那土地祠便命住轎落平下來只見跟班的從懷裡掏出一個黑皮子手本來衆人兩旁看了詫異道欽差大人怎生還用着這上行手本拜誰呀便是拜土地爺也只合用個年家眷弟的大帖到底拜誰呀正在猜度那家人把手本呈老爺看過便交付巡捕說拜會安太老爺那巡捕接了偷眼一看手本上端

恭小楷寫着受業烏明阿一行字連忙飛奔到門投帖郤
說那時正近重陽南闈鄉試放榜安老爺正得了一本江
南新科闈墨在那裡看聽得縣衙前纔得一片喧嘩旋即
不聞聲息郤也聽慣了不以爲意依然看那本文章忽見
戴勤匆匆的跑進來回稱欽差來拜雖安老爺的鎭靜也
不免驚疑心裡說難道眞個的欽差來催官項來了不成
伸手接過手本一看笑道原來是他呀只說甚麼吳大人
吳大人我就再想不起是誰了因慢慢的起身離坐說請
進來罷早見那烏大爺徧體行裝的進來先向安老爺行
了閤墺禮請了安起來又行了個外官禮兒拜了三拜安

老爺也半禮相還烏大爺起身又走近前來看了看老爺的臉面說老師的臉面竟還好只是怎生碰出這等一個岔兒來一時讓坐茶罷烏大爺開口先說老師的信門生接到了因有幾兩銀子不好轉人送來旋即奉了到此地來的廷寄如今自己帶了來了又問老師的官項現在怎樣安老爺不便就提公子來的話便答說也有些眉目了烏大爺道門生給老師帶了萬金來在後面大船上呢一到就送到公館去安老爺忙道多了多了這斷乎用不了你雖是個便家況你我還有個通財之誼只是你在差次那有許多銀子烏大爺道這也非門生一人的意思沒接

着老師的信以前並且還不曾看見京報便接着管了金何麥舟他兩家老伯的急脚信曉得了老師這塲不得意門生即刻給同門受過師恩的衆門生分投寫了信去派了個數兒教他們量力盡心因門生差次不久他們又不能各各的專人前來便教他們止發信來把銀子滙京都交到門生家裡正愁緩不濟急恰好有現任杭州織造的富周三爺是門生的大舅子他有托門生帶京的一萬銀子門生合他說明先用了他的到京再由門生家裡歸還這萬金內一半作爲門生的盡心一半作爲衆門生的集腋將來他們滙到門生那裡再從門生那裡扣存也是一

樣此時且應老師的急用老師按到他們的信只要付一封收到的回信就完了事了安老爺道非我合你客氣你大兄弟也送了幾兩銀子再有個二三千金便夠了這種東西多也無用再與者受者都要心安烏大爺道老師這幾個門生現在的立身植品以至仰事俯蓄穿衣吃飯那不是出自師門誰也該飯水思源緣木思本的門生受恩最深就該作個倡首就譬如世兄孝敬老師萬金難道老師也合他讓再讓三不成再門生還有句放肆的笑話兒以老師的古道處在這有天無日的地方只怕往後還得預備個幾千銀子賠賠定不得呢安老爺聽了啞然大笑

因見他辦得這樣妥當又說得這樣懇切不好再推便說道我說你不過就是這樣罷我也合你說不到卻之不恭却是受之有愧了那烏大爺又謙遜了一番話完便向他那家人使了個眼色那家人早退下去連戴勤等一並招乎開彼此會意就都躲在院門外坐下喝茶吃煙閑話却說那位典史老爺見欽差來拜安老爺不知怎樣恭維恭維纔好忙忙的換了褂子弄了一壺茶跟了個衙役親自送來讓家丁們喝也為趁便探聽探聽消息誰想大家都堵着門坐着呢不得進去他一面讓茶一面搭訕着就要同坐戴勤先站起來道郝老爺你請治公罷你在這裡我

們不好坐同你一處坐土人知道也必嗔責茶這裡有郝老爺別費心了那典史看這光景料是打不進去只得周旋一陣把那盌茶送給轎夫喝去了却說安老爺見烏大人把人支開料是有說的只見他低聲道門生此來却不專爲這事現在奉旨到此訪察一樁公事一路也訪得些情形未敢爲據所以來請示老師老師知之必確安老爺忙問何事烏大爺道此地河台被御史參了一本說他怎的待屬員以趨奉爲賢員以誠樸爲無用演戲作壽受賭婪贓侵冒錢糧偷減工料以致官場短氣習俗頹靡等情參得十分利害這事關係甚大門生初次奉差有些不得

主意所以討老師教導安老爺聽了這話沉了一沉說克齋這話既承你以我爲識途老馬我却有無多的幾句話只恐你不信因說道我到此不久就到邳州高堰署了兩回事河台的行止我都不得深知至於我之被參事屬因公此中毫無屈抑你如今既奉命而來我以爲國法不可不執國體也不可不顧察事不得不精存心却不可不厚老賢弟以爲何如烏大人覺得安老爺受了那河台無限的屈抑豈無個不平之鳴誰知他竟無一字怨尤益加佩服老師的學識雅度說了幾句閒話起身告辭安老爺道我可不能看你去也不便差人到你公館裡改日長談罷

說着送到院門便不望外再送却說那山陽縣知縣得了這個信早差人稟知河台說一差在縣裡合安老爺長談那河台倒是一驚纔要問話聽得頭門炮响欽差早已到門連忙開煖閣迎了出來見那欽差仍是春風滿面說纔望了望做老師來遲了一步說着一路進來坐下可奈他絕口不談公事至要緊的話問的是淮安膏葯那舖子裡的好竹瀝滌痰丸那舖子裡的眞河台也只得順着答應一番因便糊着糊塗問道方纔說貴老師是那位烏大人道就是被叅的安令河台連忙道這位安水心先生老成練達爲守兼優是此地第一賢員無奈官運平常可可的

遇見這等個不巧的事情現在我們大家替他打算衆擎易舉巳有個成數了不日便可奏請開復烏大人道這倒不敢勞大人費心他世兄巳經從京裡變產而來大約可以了結公事况且做老師是位一介不苟的便承大人費心他也未必敢領河台聽了大失所望欽差坐了一刻便告辭進了公館那時後面官船巳到幾位隨帶司員也趕了來那些地方官欽差都請在一處公同一見應酬巳畢少微歇息吃些東西早發下一角文書提河台的文武巡捕管門管帳家丁須臾拿到便封了門照着那言官指叅的款跡連夜熬審起來從來說人情似鐵官法如爐况且

隨帶的那些司員又都是些精明强幹久經審案的能員那消幾日早問出許多贓款來欽差一面行文仍用名帖去請河台過來說話不一時河台已到欽差照舊以客禮相待讓坐送茶已畢便將廷寄并那御史的參摺合他們巡捕家丁的口供送給他看河台一看這纔如夢方醒只嚇得他面如金紙目瞪口呆又見上面有如果審有贓款即傳旨革職所有南河河道總督即着烏明阿暫署的話他慌忙看完摘了帽子向上跪倒碰頭口稱他的名字說犯官談爾音昏瞶糊塗辜負天恩但求重重的治罪並罰鍰報效原來那時候有個罰鍰助餉助工的功令只因朝

廷深知督撫的豐厚那時的風氣富樸督撫也不避豐厚之名每逢獲罪都求報效若干銀子助工助餉也為圖輕減罪名所以他纔有這番舉動說罷起來戴上帽子烏大人道請大人具個親供便是自認罰鍰也得有個數目好據供入奏那談爾音道犯官打算竭力巴結十萬銀子交庫烏大人道大人的情甘報效我原不便多言但是聖意甚嚴案情較重左右近年的案都有個樣子在前頭大人還得自已斟酌斟酌不可自悞他答應了兩個是下去寫具親供一時早有首府中軍送過印來烏大人即月拜印接着便下了一個扎子委山陽縣伺候前印河台大人這

漢話就叫作看起來了這個信傳出去那些紳衿百姓鋪戶聽得好不暢快原來這河台姓談名爾音號鈺甫便有等尖酸的指了新舊河台的名號編了一副對聯道是月向日邊明日月當空天有眼玉鑲金作鈺玉金滿橐地無皮閑話擱起却說那談爾音下去寫俱親供見欽差的話來得嚴厲一定朝廷還有甚密旨如今報效得少了罷誠恐罪名減不去多了罷實在心上捨不得心問口口問心打算良久連那些奇珍異寶折變了大約也夠了且日頭命要緊因此上一狠二狠寫了二十萬兩的報效那烏大人就把案歸着了歸着據情轉奏當朝聖人最惱的貪官

汚吏也還另法外施仁止於把他革職發往軍台効力不日批摺回來那談爾音便忙忙交官項上庫送家眷回鄉剩了個空人兒赴軍台効力去了只是這些金銀珠寶千方百計幾弄得來三言兩語便花將去當日嫌他來的少今日轉痛他去得多也最可憐的是他見過烏大人之後不曾等安老爺交官項早替他處出通關連夜發了摺子奏請開復想在欽差跟前作個大大的情面也是發於天良要想存些公道只是遲矣晚矣却説安太太那邊自從張金鳳進門之後在安太太是本不會生得這等一個愛女在張姑娘是難得遇着這等一位慈姑彼此相投竟比

那多年的婆媳還覺親熱那張老夫妻雖然有些鄉下氣初來將衆人見了不免笑他及至處下來見他一味成實不辭勞不自大沒一些心眼兒沒一分脾氣你就笑他也是那樣不笑他也是那樣因此大家不但不笑他轉都愛他敬他雖是兩家合成一家倒過得一團和氣這日安老爺收到烏大爺的幫項即日把文書備妥如數交納照例開復又因此地正在官場有事自己不好出去便告了兩個月病假早有公子領着家人們預備轎馬前來這老爺離了土地祠來到聚合店安太太迎了出來老夫妻本來伉儷甚篤更兼在異鄉同患難又想到公子這塲落難彼

此見了十分傷感虧得公子一旁極力勸慰方住安太太便叫媳婦出來拜見安老爺一看又叫他近前來細看一番因向太太道我告訴玉格的話想來都說到了不必再說這個孩子天生的是偺們家的媳婦兒等着消停消停就給他們辦起這件喜事來安老爺不吃烟張姑娘便送上一碗茶來一時親家太太也來相見這親家太太可不是那兩日的親家太太了也穿上裙子了好容易女兒勸着把那個冠子也摘了見了安老爺拜了兩拜口裡說好哇親家俺們在這裡可糟擾了安老爺也合他謙了幾句入問親家老爺進來了安老爺迎進來見禮歸坐着實謝

了謝他途中照應公子張老道親家不要說這話我的獃笨也說不上個甚麽來偺都是一家人往後只有我們沾光的就只一件我在家負苦慣了這幾天吃飽了飯竟白呆着就困了親家這不是你來家了嗎有偺笨活只管交給我管作的動不的時候兒這大米飯老天可不是叫人白吃的安老爺聽了道就是這樣如今我第一樁大事就是你這女婿他只管這麼大了還得有個常人兒招護着這幾日裡邊有個媳婦不好叫他在裡頭不周不備我可就都求了親家了張老爺連忙答應安太太道這幾天就多虧了親家老爺疼他一句話沒完張太太話來了說偺

話呢疼閨女有個不疼女婿的大家正說到熱鬧中間人回河台烏大人來拜把個張老夫妻嚇得往外藏躲不迭一時鑼鳴導喝烏大人已到店門安老爺說請進來坐罷說着便迎了進來那烏大人先給師母請了安然後又合公子敘了一向的濶別提到前任談公的事安老爺倒着實感嘆了一番烏大人因道門生看老師沒甚麼大欠安爲何告起假來安老爺便說是有些瑣事便把公子途中結親一事畧提了幾句只是不提那番駭人見聞的話烏大人也連忙道喜又說此地總河的缺已調了北河的同峻峯過來了也是個熟人老師完了私事何不早些出去

門生既可多聽兩次教導等那同峻峯來也可當面作一番囑托安老爺道說得有理我事情一清楚就出來的烏大人長談了半日告辭而去早有那些實任候補的官員聽得河台大人到店來拜安老爺長談久坐見安老爺又是大人的老師那個不來周旋也有送酒席的也有送下程的到後來就不好了鬧起整匣的燕窩整桶的海參魚翅甚至尺頭珍玩打聽着甚麼貴送起甚麼來了老爺一槩璧謝不收卻說那日安老爺迴賓送客忙的半日不曾住脚一直到下半日纔得消停那張姑姑便送過帽頭兒來請換帽子伏侍得直像個多年得兒媳婦又像個親生

的女兒安老爺看了自是歡喜因對太太道我們如今事情正多有兩樁得先作起來一件是爲我家險遭一場意外的災殃幸而安然無事這都是天公默佑我們闔家都該辦注名香達謝上蒼那一件無論怎樣這店裡非久居之地得找一所公館安太太道這兩樁事都不用老爺費心公館我已經叫晉升找下了老爺道一處不夠太太道我得這處狠寬綽連親家都住下了老爺道不然日後自然是住在一處纔得有個照應眼前辦這喜事必得兩處辦纔成個一娶一嫁的太禮太太聽了也以爲是恰好晉升進來回事聽得這話便回道旣老爺這樣吩咐也不用

再找那公館本是大小兩所相連內裡通着外邊各開大門安老爺道那更好了房子說定說到謝天安太太便把自己怎的合媳婦許了十五日還願的話並媳婦怎的要給那十三妹姑娘供長生祿位的話一一的說明安老爺更覺暗合了自已的主意連連點頭道旣如此明日偺們全家叩謝不必再看日子了一家兒談到飯罷掌燈安老爺早叫人在外層收拾了三間潔淨屋子下榻出去又周旋了張老一番纔得就枕一宿無話次日便是十五日太太早在當院設下香案香燭供品先是安老爺帶了安公子次後便是安太太帶了張姑娘各各一秉虔誠焚香膜

拜叩謝上天加護之恩拜完安老爺便對兩親家道你二位老兄老嫂也該拜謝一番纔是張老道我們正想着借花兒獻佛磕個頭兒呢早有僕婦送上兩束香來張老上了香磕過頭親家太太也把香點着舉得過頂磕下頭去不知他口裡還喃喃吶吶祝贊些甚麽磕完頭將爬起來只見他把右手褪進袖口去摸了半日摸出兩箍香錢來遞給安太太安太太笑道親家這是作麽呀你我難道還分彼此麽親家太太道不是價這往後俺兩口子的吃的喝的穿的戴的都仗着你老公們倆合姑爺哩還有傢兒說的呢這燒香可是神佛兒的事情公修公得婆修婆得

偺各人兒洗臉兒各人兒光你不要可行不的安太太只是笑着不肯收倒是安老爺說太太既親家這等至誠收了再請兩箍香上就是了安太太只得接過來遞給一個了鬟摸了摸那錢還是洭的滾熱的却說張姑娘隨婆婆謝過了天便忙着進房設了一張小桌兒供上那十三妹姑娘的長生牌上寫着十三妹姐姐福得長生祿位安太太便向安老爺道我們玉格也該叫他來磕個頭纔是呢安老爺道且慢他的事不是磕一個頭可了事的我另有辦法安太太聽了便同張太太各拈了一撮香香着那張姑娘插燭似價拜了四拜就把那個彈弓供在面前話休

絮煩自此以後安老爺夫妻二位便忙着搬公館辦喜事張老夫妻把十三妹贈的那一百金子依然交給安老爺安太太辦理粧奩一婚一嫁忙在一處忙了也不止一日纔得齊備那怎的個下茶行聘送粧過門都不及細説到了吉期鼓樂前導花燭雙輝把金鳳張姑娘一乘彩轎迎娶過來一樣的叅拜天地遥拜祖先叩見翁姑然後完成百年大禮這日安老爺雖不曾知會外客有等知道的也來送禮道賀雖説不得百輛盈門也就算六禮全備了轉眼就是安老爺假限將滿新河台已經到任烏大人已經回京太太便帶了兒子媳婦忙着張羅老爺的冠裳一切

便問那日出去銷假安老爺道難道你們娘兒倆眞個的還忍得叫我再作這官不成我平生天性恬淡本就無意富貴功名況經了這場宦海風波益發心灰意懶只是生爲國家的旗人不作官又去作甚麼無如我眼前有樁大似作官的事不得不先去料理太太公子見老爺說得鑿般鄭重忙問何事老爺道你難道救了我一家性命的那個十三妹的這番深恩重義我們竟不想尋着他答報不成太太道何常不想答報呢只是他又沒個准住處眞名姓可那裡找他去呢老爺說你們都不必管我自有個道理實合你們說從烏老大請請我出去那日我已經定

了個告退的主意只恐他苦苦相攔所以挨到今日如今挨得他也回京了新河台也到任了我前日已將告休的文書發出去了從此卸了這副担子我正好掛冠去辦我這樁正事此去尋的着那十三妹我纔得心願滿足儻然尋不着他那管芒鞋竹笠海角天涯我一定要尋着這個女孩兒纔罷這正是丈夫第一關心事受恩深處報恩時

要知安老爺怎的個去尋那十三妹下回書交代

兒女英雄傳評話第十三回終

兒女英雄傳評話第十四回

紅柳樹空訪褚壯士　青雲堡巧遇華嘗頭

上回書既把安張兩家公案交代明白這回書之後便入十三妹的正傳却說安老爺認定天理人情撇却功名富貴頓起一片兒女英雄念頭挂冠不仕要向海角天涯尋着那十三妹報他這番恩義若論十三妹自安太太以至安公子小夫妻張老老夫妻又那個心裡不想答報他只是沒作理會處如今聽了安老爺這等說了正合衆人的心事當下商量定了一面收拾行李一面遣人過黃河去扣車輛那時梁材也從京裡回來只請幾個家人又有張

親家老爺合程相公外面幫着人足數用况大家又都是一心一計這去番官比起前番的上任轉覺得興頭熱鬧話休煩瑣那消幾日都佈置停妥安老爺本因告病一向不曾出門也不拜客辭行擇了個長行日子便渡黃北上於路無話不則一日到了離茌平四十里下店打尖這座店正是安公子同張姑娘來時住的那座店安老爺飯罷等着家人們吃飯自已便踱出店外看那些車夫吃飯見他們一個個蹲在地下吃了個狼飱虎咽溝滿壕平老爺便合他們閒話問道我們今日往茌平從那裡岔道下去有個地方叫作二十八棵紅柳樹離茌平有多遠內中有

兩個知道的說道要到二十八棵紅柳樹為甚麼打茌平一岔道呢那不是繞了遠兒往回來走嗎要上二十八棵紅柳樹打這裡就岔下去了往前不遠有個地方叫桐口順着這桐口進去斜半籤着就奔了二十八棵紅柳樹了到了那裡打鄧家莊兒頭裡過去就是青雲堡青雲堡再走十來里地有個岔道口出了岔道口那就是茌平的大道了打這裡去近哪可就是這一頭兒沒車道得騎牲口不就坐二把手車子也行得老爺把這話聽在心裡看了看這座店雖然窄些也將就住下了進來便合太太商議道太太我看這座店也還乾淨嚴密今日我們就這裡住下

罷太太道再半站今日就到茌平了到了茌平老爺不是還有事去呢麼爲甚麼又躭擱半天的路程呢老爺道我正爲不躭擱路程我方纔在外頭問了問原來從這裡有條小路走着近便我們今日歇半天明日你們仍走大路往茌平等我我就從這裡小路走幹我的去太太道罷呀老爺可不要鬧了聽起來那小道兒可不是頑兒的老爺道太太你想是因玉格前番的事唬怕了要知人生在世世界之大除了這寸許的心地是塊不穩路此外再沒有一步平穩的只有認定了這條路走至於禍福有個天在注定的禍避不來非分的福求不到那避禍的縱護千方

百計的避開莫認作自已乖覺究竟立腳不穩安身不牢那求富的縱讓千辛萬苦的求得莫認作可以僥倖須知飛得不高跌的不重太太你只看我同玉格一個險些兒骨肉分離一個險些兒身命俱敗今竟何如這豈是人力能爲的太太見老爺說得有理便說旣那樣就多帶兩個人兒去張老聽了說道親家太太放心我跟了親家去保妥當安老爺笑道怎麼敢驚動親家呢此去我保不定就擱一半天家眷自然就在莊子住下聽信親家你自然照應家眷爲是我同了玉格帶上戴勤隨緣兒再帶上十三妹那張彈弓豈不是絕好的一道護身符麼說着便吩咐

家人們今日就在尖站住下因又叫戴勤明日僱一輛二把手小車子我坐再僱三頭驢兒你同隨緣兒跟了大爺我們就便衣便帽喬粧而往我自有道理戴勤笑道那炕盤驢搭上個馬褥子倒騎得那傍車子只怕老爺坐不來罷老爺道你莫管照我的話弄去就是了戴勤只得去僱小車合驢兒心裡却是納悶說這是怎的個用意呢一時老爺又叫戴勤家的隨緣兒媳婦來問道你母女兩個從前在那家子跟的那位姑娘你可記得他的生辰八字他是幾歲上裹腳幾歲上留頭合他那小時候可有甚麼異樣淘氣的事你可想得起一兩樁來戴勤家的經這一問

一時倒朦住了想了想纔說奴才那位姑娘今年算計着是十九歲屬龍的三月初三日生的時辰奴才可記不准了他女兒接口道是辰時那年給姑娘算命那算命的不是說過底下四個辰字是有講究的叫甚麼甚麼地甚麽一氣這是個有錢使的命還說將來再說個屬馬的姑爺就合個甚麼論兒了還要作一品夫人呢他媽也道不錯這話有的因又說道那姑娘是七歲上就裹的脚不怎麼那一雙好小脚兒呢九歲上留的頭隨緣兒媳婦又說道小時候奴才們跟着頑兒姑娘可淘氣呀最愛糙個爺們弄個刀兒鎗兒誰知道後來都學會了呢就只怕作活奴

才老爺太太常說將來到了婆婆家可怎麽好姑娘說的更好說難道婆婆家是僱了人去作活不成奴才們背地裡還慪姑娘不害羞姑娘說我不懂一個女孩兒提起公公婆婆羞的是甚麽這公婆自然就同父母一樣你見誰提起爸爸奶奶來也害羞來着安老爺合太太聽了點頭而笑說却也說得有理太太便問道老爺此時從那裡想起問這些閒話兒來張金鳳也接口道不要這位姑娘就是我十三妹姐姐罷老爺拈鬚笑道你娘兒們先不必急着問橫豎不出三日一定叫你們見着十三妹如何張姑娘聽了先就歡喜當晚無話到了次日早把張老程相公

依然同了一衆家人護了家眷北行去到茌平那座悅來老店落程住下安老爺同了公子帶了戴勤隨緣兒便向二十八棵紅柳樹進發安老爺上了小車伸腿坐在一邊那邊戢上行李前頭一個拉後面一個推安老爺從不曾坐過這東西果然坐不慣纔走了幾步兩條腿早溜下去了戴勤笑說奴才昨日就回老爺說坐不慣的老爺也不禁大笑及至坐好了走了幾步腿又溜下去險些兒不曾閃下來那推小車子的先說道這不行啊不我把你老薩杭罷老爺不懂這句話問怎麽叫薩杭戴勤說攏住點兒他們就叫綁上老爺說狠好你就把我薩杭試試只見他

把車放下解下車底下拴的那個灣榔桿子來往老爺身旁一搭把中間那灣弓兒的地方向車梁上一樊老爺將身子往後一靠果覺坐得安穩公子背着彈弓跨着驢兒同兩個家丁便隨着老爺的車前前後後行走那時正是秋末初冬小陽天氣霜華在樹朝日弄晴雲斂山清草枯人健安老爺此時偷得閑身倍覺胸中暢快一路走着只聽那推車的道好了快到了老爺一望只見前面有幾叢雜樹一簇草房心裡想道鄧家莊難道就是這等荒涼不成說話間已到那裡推車的把車落下老爺問到了嗎他說那裡纔走了一半兒呀這叫二十里鋪老爺說旣這樣

你為何歇下呢只聽他道我的老爺這兩條腿兒的頭口可比不得四條腿兒的頭口那四條腿兒的頭口餓了不會言語俺這兩條腿兒的頭口餓了肚子先就不答應咧吃點嗎兒再走隨緣兒是不准他吃老爺聽了道叫他們吃罷吃了快些走安老爺合公子也下來只見兩個車夫三個腳夫每人要了一斤半麪的薄餅有的抹上點子生醬捲上棵葱有的就瞧着那黃砂碗裡的鹽水爛蒜吃了個滿口香甜還在那裡讓着老爺說你老也得一張罷好齊整白麪哪須臾吃畢車夫道這可走罷管走得快了說着推着車子果然轉眼之間就望見那一片柳樹那柳葉

還不會落淨遠遠看去好似半林楓葉一般公子騎着驢見到跟前一看原來那樹是綠樹葉紅葉筋因𠰻趕驢的在地下揀了兩片自已送給老爺看老爺看了道這樹名𠰻作檉柳又名河柳別名雨師春秋僖公元年會於檉的那個檉字即此物也閑話間已到鄧家莊門首老爺下車一看好一座大莊院只見週圍城磚砌墻四角有四座更樓中間廣樑大門左右兩邊排列着那二十八棵紅柳樹裡面房間高大屋瓦鱗鱗只是莊門緊閉不開藪勤纓要上前𠰻門老爺連忙攔住自已上前把那門輕敲了兩下早聽見門裡看家的狗䆃聲䆃氣如惡豹一般楯着那鎖

鍊子咬起來緊接着就有人一面吆喝那狗隔着門問道找誰呀安老爺道借問一聲這裡可是鄧府上開了門我有句話說只聽那人道開門得我言語一聲兒去那人去不多時便聽得裡面開得鐵鎖响莊門開處走出一個人來約有四十餘歲年紀頭戴窄沿秋帽穿一件元青縐綢棉襖套着件靑氊馬褂兒身後還跟着兩三個笨漢那人見了安老爺執手當胸拱了一拱問道尊客何來安老爺心想這人一定是那褚一官了因問道足下上姓這裡可是鄧九公府上那人答道在下姓李鄧九太爺便是敝東人不在家裡大約還得個三五天回來尊客如有甚麼書

信以至東西只管交給我萬無一失五日後來取回信儻
一定有甚麽要緊的話得等着面說我這裡付一面對牌
請到前街客寓裡住歇那裡飯食油燭草料以至店錢看
你老合我東人二位交情在那裡俟東回來自然有個地
主之情不然那店裡也是公平交易絕不相欺說到這裡
只聽莊門裡有人高聲叫說李二爺發鑰匙開倉他這裡
一面應着一面聽老爺的回話老爺見訪鄧九公不着只
得又問道既如此有位姓褚的我們見見那人道我們這
裡有三四個姓褚的呢可不知尊客問的是那一位老爺
道這人人稱他褚一官那人道要找我們褚一爺麽他老者

不在這裡住了搬到東莊兒去了請到東莊兒就找着了縱說完裡面又在那裡催說李二爺等你開倉呢那人便向安老爺一拱說請便罷尊客老爺還要問話他早回頭進去了那兩三個笨漢見他進去隨即把門關上老爺只得隔着門又問了一聲說這東莊兒在那裡裡邊應了一句說一直往東去說着也走了安老爺此番來訪十三妹原想着褚一官是華忠的妹夫鄧九公是褚一官的師傅且合十三妹有師弟之誼因褚一官見鄧九公因鄧九公見十三妹再沒個不見着的如今見褚鄧二人都見不着因向公子道怎生的這般不巧又不知這東莊兒在那裡

那安公子此時郄大非兩個月頭裡的安公子可比了經了這塲折磨自己覺得那走路的情形都已久慣在行因說道一直往東去逢人便問還怕找不着東莊兒麼老爺笑道固是如此難道一路問不着還一直的問到東海之濱找文王去不成公子笑道再沒問不着的說着跨上驢兒跑到前頭只見過了鄧家莊人烟漸少那時正是收莊稼的時候一望無際都是些蔓草荒煙無處可問走了里許好容易看見路南頭遠遠的一個小村落村外一個大塲院堆着大高的糧食一簇人像是在那裡揚塲呢喜得他一催驢兒奔到跟前便開口問道那裡是東莊兒啊只

見那塲院邊有三五個莊家坐着歇乏內中一個年輕的轉問他道你是問道兒的嗎公子道正是那人說問道兒下驢來問啊公子聽了這纔下了驢那少年道你要找東莊兒一直的往西去就找着了公子道東莊兒怎麼倒往西去呢內中一個老頭兒說道你何苦耍他作甚麼因告訴公子道這裡沒個東莊兒你照直的往東去八里地就是青雲堡到那裡問去公子得了這句話上了驢兒又跑囘來恰好安老爺的小車兒也趕到了問道問的有些意思沒有公子把幾乎上賺的話說了老爺笑道這還算好他到底說了個方向兒你沒見長沮桀溺待仲夫子的那

番光景嗎說着又往前走了一程果見眼前有座大鎮店還不曾到那街口早望見一個人扛着個被套腰裡掖着根巴棍子闊面走來公子這番不似前番了下了驢上前把那人的袖子扯住道借光東莊兒在那邊兒那人正低了頭走肩膀上行李又沉走得滿頭大汗不防有人扯了他一把倒嚇了一跳站住抬頭一看見是個向他問路的他一面拉下手巾來擦汗一面陪個笑兒道老鄉親我也是個過路兒的說完大岔步便走了公子心裡説道原來離了家門口兒問問路都是這等累贅老爺道這却不要怪他你這問法本叫作問道于盲找個鋪戶人家問問罷

說着進了青雲堡那條街只見街口有座小廟跨着一根小小旗桿那廟門掛一塊三聖祠的匾却是鎖着門一進街來南北對面都是些棧房店口也有燒鍋當舖雜貨店面話休絮煩一連問了幾處都不知有這個東莊兒一徑的走出了這五里長街只見路南一座小野茶館兒外面有幾個莊稼漢在那裡喝茶閒話老爺說下來歇歇兒罷說着下了車也到那灰台兒跟前坐下隨緣兒便從腰間拿下茶葉口袋來叫跑堂兒的沏了壺茶老爺問那跑堂兒說你們這裡有個東莊兒麽那跑堂兒的見問一手把開水壺擱在灰台兒上扶着又把那隻胳膊圈過來抱了

那壺梁兒歪着頭說道咱們這裡沒個東莊兒啊老爺說或者不在附近也定不得跑堂兒指手畫脚的道不啊客人你順着我的手瞧西沿子那個大村兒叫金家村這東邊兒的叫青村正北上一攢子樹那一塊兒那是黑家窩鋪這往近了說那道小河子北邊的一帶大瓦房那叫小鄧家莊兒原本是二十八棵紅柳樹鄧老爺子的房如今給了他女婿一個姓褚的住着又叫作褚家莊說到這邊老爺忙問道這姓褚的可是人稱他褚一官的不是跑堂兒說着哇就是他他是標行裡的安老爺向公子說道這纔叫踏破鐵鞋無覓處得來全不費功夫呢原來只在眼

前他在西莊兒說話又是他家的房子自然就叫作東莊兒了公子聽了忙着放下茶盌說等我先去問他在家不在家不要到了跟前又撲個空說着也不騎牲口帶了隨緣兒就去了一過北道便遠遠望見褚家莊雖不比那鄧家莊的氣概只見一帶清水瓦房虎皮石下剪白灰砌墻當中一個高門樓的如意小門兒安着兩扇黃油板門門前也有幾株槐樹兩座磚砌石蓋的平面馬台石西邊馬台石上坐着個乾瘦老者却是面西正東看不見他的面目懷中抱了一個孩子又有個十七八歲的村童蹲在地下引逗那孩子耍笑離門約有一箭多遠橫着一道溪河

河上架着個板橋公子纔走過橋又見橋邊一個老頭子守着一個筐子刁着根短烟袋蹲在河邊在那裡洗菜公子等不得到門便先問了他一聲說你可是褚家莊的你們當家的在家裡沒有問了半日他言也不答頭也不回只顧低了頭洗他的菜隨緣兒一旁看不過在他肩膀上拍了一下說[illegible]問你話呢他這纔站起來含着烟袋笑嘻嘻的勾了勾頭公子又問了他一句他但指指耳朵也不言語公子道偏又是個聾子因大聲的喊道你們褚當家的在家裡沒有只見他把烟袋拿下來指着口啊啊啊了兩聲又搖了搖頭原來是個又聾又啞的真真十啞九聾

古語不謬不想公子這一喊早驚動了馬台石上坐的那個人只見他聽得這邊嚷回頭望了一望連忙把懷裡的孩子交給那村童抱了進去又手遮日光向這邊一看就匆匆的跑過來相離不遠只見他把手一拍口裡說道可不是我家小爺公子正不解這人爲何奔了過來及至一聽聲音纔認出來不是別人正是他嬷嬷爹華忠原來華忠本是個胖子只因半百之年經了這場大病臉面消瘦鬢髮蒼白不但公子認不出他嬷嬷爹來連隨緣兒都認不出他爸爸來了一時彼此無心遇見公子一把拉着嬷嬷爹華忠纔想起給公子請安隨緣兒又哭着圍着他老

子問長問短華忠道咳我這時候沒那麼太工夫合你訴家常啊因問公子道我的爺你怎麼直到如今還在這裡轉轉我合你別了將近兩個月我是沒一天放心好容易扎掙起來奔到這裡問了問寄褚老一的那封信他並不曾收到端的是個甚麼原故我的爺你要把老爺的大事悞了那可怎麼好說着急得搓手頓腳滿臉流淚公子此時也不及從頭細說便指給他看道你看那廂茶館外面坐的不是老爺華忠道老爺怎麼也到了這裡敢是進京引見公子道閒話休提我且問你褚一官在家也不華忠道他不在家他這兩天忙呢因看了看太陽說大約這早

晚也就好回來了大爺你此時還問他作甚麼公子道這話說也話長你先見老爺去就知道了華忠便同公子飛奔而來於路不及閑談到了跟前老爺纔瞧出是華忠因說你從那裡來華忠早在那裡摘了帽子碰頭說奴才華忠閃下奴才大爺悞了老爺的事奴才該死只求老爺的家法老爺道不必這樣難道你願意害這場大病不成起來華忠聽了纔戴上帽子爬起來却說一旁坐着喝茶的那些人那裡見過這等舉動又是老爺奴才又是磕頭禮拜只道是知縣下鄉私訪來了早嚇的一個個的溜開跑堂兒的是怕躭悞了他的買賣便向安老爺說我看這個

地方兒祇尊你老再也不得說話我這後院子後頭有個松棚兒你老挪到後頭去好不好老爺正嫌嘈雜公子聽得有個松棚兒覺得雅致有趣連說很好便留了戴勤看行李跟了老爺挪過後面去公子到那裡一看那裡甚麼松棚兒原來是四根破柳竿子支着上面又橫搭了幾根竹竿兒把那砍了來作柴火的帶葉松枝兒搭在上面晾着就算遮了日暘兒那就叫松棚兒不覺得一笑忙叫人取下馬褥子來就地鋪好爺兒兩個坐下老爺便將公子在途中遭難的事大畧說了幾句把個華忠急得哭一陣叫一陣又打着自己的腦袋罵一陣老爺道此時是幸而

無事了你這等也無益因又把公子成親的事告訴他他纔擦了擦眼淚給老爺公子道喜又問說的誰家姑娘姑娘十幾老爺道且不能合你說這個你且說你怎的又在此耽擱住了呢華忠回道奴才自從送了奴才大爺起身原想十天八天就好了不想躺了將近一個月纔起炕奴才大爺給留的二十兩銀子是盤纏完了幾件衣裳是當淨了好容易扎掙得起來刎湊了兩吊來錢奴才就僱了個短盤兒驢子盤到他們這裡他們看奴才這個樣兒說給奴才作兩件衣裳好上路打着後日一早起身不想今日在這裡遇見老爺也是天緣湊巧不然一定差過去了

老爺道這裡自然就是你那妹夫褚一官的家了他在家不在家華忠道他上縣城有事去了說也就回來老爺說他不在家也罷我們先到他家等他去我要見他有話說華忠聽了口中雖是答應臉上似乎露着有個爲難的樣子老爺道他既是你的至親難道我們借個地方兒坐他不肯你有甚麽爲難的華忠道倒不是奴才爲難有句話奴才得先回明白了他雖在這裡住家這房子不是他自已的是他丈人的老爺道你這話怎麽講褚一官是你妹夫他丈人豈不就是你老子怎麽他又有個丈人起來華忠聽了自已也覺好笑又說道這裡頭有個原故原來奴

才那個妹子倆月頭裡就死了他死的日子正是奴才同大爺在店裡商量給他寫信的那兩天奴才也是到這裡纔知道安公子聽了便對安老爺道哦這就無怪那日十三妹說他夫妻斷不能來了老爺連連點頭一面又往下聽華忠的話他又道奴才這妹子死後丟下一個小小子兒無人照管便張羅着趕緊續絃他有個師傅叫作鄧振彪人稱他是鄧九公是個有名的驃客褚一官一向跟他走驃就在他家同住那鄧九公今年八十七歲膝下無兒止有個女兒他因看着褚一官人還靠得本領也去得便許給他做了填房招作女婿這老頭子在西莊兒住家因

疼女兒便把這東莊兒的房子給了褚一官又給他立了產業就成果起這分家來那鄧九公一個月倒有二十天帶了他一個身邊人在女兒家住這個人靠着有了幾歲年紀又拙又橫又不講禮又不容人說話褚一官是怕得神出鬼入只有他這個女兒降的住他他這幾日正在這裡住着每日到離此地不遠一座青雲山去也不知甚麼勾當據奴才看好像有甚麼機密大事似的那老頭子天天從山裡回來不是垂涕抹淚便是短嘆長吁一應人來客往他都不見並且吩咐他家等閑的人不許讓進門來如今老爺要到他家去此刻正不差甚麼是那老頭子回

來的時候萬一他見了說上兩句不知高低的話奴才持不住所以奴才在這裡爲難老爺聽了也爲起難來說我找褚一官正爲找這姓鄧的說話這便怎麼樣呢華忠道老爺找他有甚麼話說老爺指着公子身上背的那張彈弓道我交還他這件東西還訪一個人華忠道依奴才糊塗見識老爺竟不必理那個瘋老頭子也罷了此地也不好久坐這條街上有幾座店口奴才找處乾淨的請老爺歇息竟等褚一官回來奴才把他暗暗的約出來老爺見了他先問他個端的請示老爺可使得老爺道自然也要見見那褚一官既如此就在這裡坐着等他罷近便些你

倒是在那裡弄些吃的來再弄盌乾淨茶來喝華忠忙道這個容易奴才這個續妹妹却待奴才狠親熱竟像他親哥哥一般也因這上頭他父親纔肯留奴才住下奴才如今就找他預備些點心茶水來說着一徑去了華忠去後安老爺把他方纔的話心中默默盤算據他說鄧九公那番光景不知究竟是怎生一路人他家又這等機密不知究竟是何等一樁事好叫人無從猜度正在那裡盤算着只見華忠依然空着兩手同來安老爺道難道他家就連一壺茶都不肯拿出來不成華忠忙答道有有奴才方纔把這番話對奴才續妹子說了他先就說既是老爺的駕

到了況又是奴才的主兒不比尋常人曾有護在外頭坐着的理及至奴才說到那彈弓的話他便說這更不必講了叫奴才快請老爺合奴才大爺到他家獻茶他還說便是他父親有甚話說有他一面承管既這樣就請老爺大爺賞他家個臉過去坐坐安老爺聽了甚喜便同了公子步行過去兩個家人付了茶錢連牲口車輛一並招護跟來却說安老爺到了莊門早見有兩個體面些的莊客迎出來見老爺各各打恭口裡說二位當家的辛苦原來外省鄉居沒有那些老爺爺的稱呼止稱作當家的便如稱主人東人一樣他這樣稱安老爺也是個看主敬客的意

思揖無不答老爺也還了個禮一進門來只見極寬的一個院落也有個門房西邊一帶粉墻四扇屏門進了屏門便是一所四合房三間正廳三間倒廳東西廂房東北角上一個角門兩間耳房像是進裡面去的路逕那莊客便讓老爺到西北角上那個角門裡兩間耳房坐定他們也不在此相陪便幹他的事去了早有兩個小小子端出一盆洗臉水手巾胰子又是兩碗漱口水放下又去端出一個紫漆木盤上面托着兩蓋碗沏茶餘外兩個折盅還提着一壺開水華忠一面倒茶內中一個小小子叫他道大舅哇我大嬸兒叫你老倒完了茶進去一盪呢說着便將

臉水等件帶去一時華忠進去老爺看那兩間房子華麗棚頂白灰墻壁也挂兩條字畫也擺兩件陳設不俗不村收拾得却也乾淨因合公子道你看倒是他們這等人家眞個逍遥快樂正說着華忠出來回道回老爺奴才這纔妹子要叩見老爺老爺道他父親丈夫都不在家我怎好見他說話間那褚家娘子已經進來安老爺見了纔起身離坐只見他家常打扮穿條元青裙兒罩件月白襖兒頭上戴些不村不俏的簪環花朵年紀約有三十光景雖是半老佳人只因是個初過門的新媳婦還依然打扮的脂光粉膩只聽他說道老爺請坐小婦人是個鄉間女子不

會京城的規矩行個怯禮兒罷說着福了兩福便拜下去老爺忙説不要行禮也恭恭敬敬的還了一揖他回身又見了公子安老爺便道我們是特地找褚一爺來說句話倒驚動了請進去歇着罷褚家娘子道我丈夫不在家大約也就回來老爺既是我這大哥的主人也同我們的衣食父母一樣我該當伺候的並且還有一句話請老爺的示下安老爺道既如此請坐下好講話那褚家娘子那裡肯坐安老爺讓再讓三說大娘子你不肯坐我也只得站着陪談了還是華忠從旁說姑奶奶既老爺這等吩咐恭敬不如從命你竟是伺候坐下好說話他纔搬了一張杌

子斜籤着坐了便問老爺道我方纔聽見我們這大哥說老爺帶了一張彈弓到這裡要訪一個人我大膽問老爺這彈弓從何而來這要訪的又是個何等樣人呢老爺見他問的不像無意閑談開口便道我這彈弓是此地十三妹的東西因我這孩子前番在路上遇了歹人承這十三妹救了性命贈給盤纏又把這張彈弓借與他護送上路我父子受他這等的好處故此特地來親身送還他這張彈弓又曉他合你尊翁鄧九公有師徒之誼因此來找你們褚一爺引見九公問明了那十三妹的門戶好去謝他一謝那褚家娘子聽了道這事幸得我先見着老爺老爺

假如這等的問我家一官管取他還摸不着頭腦呢我也再不想這張彈弓竟在老爺手裡只是可惜老爺來遲了一步只怕這十三妹老爺見他不着了老爺忙問原故只見他嘆了口氣道要說起這十三妹來眞眞的算個奇人罕事他從兩年前頭奉了他母親到這裡誰也不得知他的來路誰也不得知他的根由他只說是逃荒來的後來合我父親結了師徒我父親見他母子無依就要留他在家同住他是執意不肯在這東南靑雲山山崗兒上結了幾間茅屋自己同了他母親住老爺聽了便向公子道此雲中相見的這句詞兒所由來也公子忙起身答應了一

聲又聽他往下說道我從作女孩兒的時候合他兩個人往來最爲親密雖是這等親密他的根底他可絕口不提不想前幾天他這位老太太死了我合父親商量等他事情完了這正好請他到家我們作個長遠姐妹將來就在此地給他找個好好的人家又可當親戚走着豈不好呢誰想他遭了這樣大事哀也不舉靈也不守孝也不穿打算停靈七天就在這山中埋葬葬後他便要遠走高飛老爺說異道他待遠走高飛到那裡去褚家娘子道老爺可說麼大約他走的這個原故止有我父親知道也是他母親死後他纔說的我父親把這事機密的了不得不肯向

人說連我問着也是含含糊糊的我這兩日聽那口風兒看那神情兒倒像不是件甚麼小事兒也不知倒底是甚麼因由只是我想他究竟是個女孩兒無論甚麼樣的本領怎生般的智謀這萬水千山曉行夜住一個女孩兒就有多少的難處因此我勸了他這幾天教他且莫急着就走也等完了事慢慢的商量一個萬全的打算再走不遲無奈說破了嘴他也是百折不回爲甚麼我方纔聽得老爺的駕到了又說帶着張彈弓兒我心裡可就一動甚麼原故呢因前日他母親死後他忽然的告訴我父親說他的張彈弓借給人用去了早晚必送來他如今要走等不

得又交給我父親一塊硯台說儻他走後有人送那彈弓來把這硯台交那人帶去把那彈弓就留在我家作個記念他也不會說起老爺合少爺更不會提到途中相救的一個字這硯台我父親交給我了我却斷不想到這番原由就在老爺身上如今恰好老爺少爺都到了這裡況且又受過他的好處正要訪他老爺是念書作官的人比我們總有斡旋怎麼得求求老爺想個方法見着他留住了他也是樁好事不然這等一個人此番一去知他怎麼個下落呢可不心疼死人嗎安老爺聽了這番話正合了自已的心事心裡說看不得這鄉間女子竟有如此的言談

見識前番我家得了一個媳婦張金鳳是那等的深明大義今番我遇見這褚家娘子又是這等的通達人情可見地靈人傑何地無才更不必定向錦衣玉食中去講那德言工貌了因又把他方纔的氣度量一番這十三妹要去的原故心裡早已明白八九只是此時不好說破便對褚家娘子道大娘子怎生說到一個求字這也正是我身上的事如今就煩你少停引我見見尊翁我二人商量個長策定要把這樁事挽回轉來褚家娘子聽了連連搖手說老爺這不是主意我這位老人家雖合他有師徒之分只是他老人家上了幾歲年紀又愛喫兩盃酒性子又烈火

轟雷似的然是不好說話外加着這兩年有點子反老還童一會兒價好鬧個小性兒就這十三妹的這樁事我好容易勸得他活動些了他老人家在旁邊兒又是甚麼英雄咧好漢咧大丈夫要烈烈轟轟作一場咧說個不了把那個越發鬧得回不得頭下不來馬了老爺如今合他老人家一說管保還是這套甚而至於機密起來還合老爺糊糊塗說不認得十三妹呢老爺道若不仗尊翁作個線索我縱有千言萬語怎得說的到那十三妹跟前那褚家娘子低頭想了一想笑道這樣罷老爺要得合我父親說到一處却也有個法兒只是屈尊老爺些老爺忙問怎樣

褚家娘子道他老人家雖說是這等脾氣却是吃順不吃强又愛戴個高帽兒第一最愛人贊一句說是個英雄豪杰第二最喜歡人說這樣年紀怎的還得這樣精神飽滿心思周到第三却難他老人家酒量極大不用講家裡便是外面交徧天下總不會遇見個對手的酒量往往見人不會吃酒便說這人沒出長兒沒幹頭兒只要遇着一個大量合他老人家坐下說入了彀大槩那人說西山煤是白的他老人家也斷不肯說是灰色的說太陽從西邊兒出來他老人家也斷不肯說從西南犄角兒出來只是那有這等一個大酒量呢老爺自想想這難不難老爺聽罷

哈哈大笑說這三樁事都在我身上第一據他的本領本
是個英雄就贊揚他兩句也不是虛話第二論年紀他比
我長着幾乎一半子呢我就作個前輩看待他也狠使得
第三尤其容易據我這酒量雖不會合他同過席大約也
可以勉强奉陪褚家娘子聽了大喜說果然如此只怕這
事有些指望了因又囑咐安老爺道只是我老人家少刻
見了老爺可難保得齊禮貌周全還求老爺海量就待他
個老更切切不可提我方纔說的這番話老爺道不消囑
咐旣如此商定豈但不提方纔的話並且連這彈弓也先
不好提起我自有道理因吩咐先把彈弓收好正說着老

一官也回來了他本是個走江湖的人甚麽不在行的見了老爺也恭恭敬敬的請了安他娘子便把安老爺的來意合方纔這番話告訴了他只見他口裡答應心裡卻是忐忑他娘子道你不必着忙萬事有我呢褚一官道我不怕別的他老人家是個老家兒咱們作兒女的順者爲孝怎麽說怎麽好就是他老人家掄起那雙拳頭來我可真吃不克化他娘子道也到不了那個場中你在這裡伺候老爺我預備點心去說着去了少時拿出點心粥湯來老爺一腔的心事不過同公子畧吃了些便揀下去又問了問褚一官走過幾省說了些那省的風土人情論了些那

省的山川形勝正談得熱鬧只聽得前面莊客嚷了一聲道老爺子回來了褚一官聽了發腳往外就跑迎那華忠也有些不得主意兩個服侍的小小子嚇得踪影全無這正是非關猛虎山頭吼早見羣狐穴底藏要知那鄧九公回來見了安老爺怎的個開交下回書交代

兒女英雄傳評話第十五回

酒合歡義結鄧九公　話投機演說十三妹

上回書講得是安老爺來到褚家莊探着十三妹的消息正合褚一官閒話聽說鄧九公同來了早見那褚一官慌作一團同了華忠合衆莊客忙忙的迎出去老爺心裡想道這鄧九公被他衆人說的那等的難說話不知到底怎生一個人物待我先看他一看說着依然藏上那個帽罩兒走到房門隱在門後向外窺探恰好那鄧九公正從東邊屏門進來只見他頭戴一頂自來舊窄沿氊帽上面釘着個加高放大的藏紫菊花頂兒撒着不長的一撮鳳尾

線紅穗子身穿一件駝絨窄邊兒實行的箭袖棉襖繫一條青縐綢搭包挽着雙股扣兒垂在前面套一件倭緞廂沿加廂巴圖魯坎肩兒的絳色小呢對門長袖馬褂兒上着藍領兒厰着鈕門兒脚下一雙薄底兒快靴那身材足有六尺上下來高一張肉紅臉星眼劍眉高鼻子大耳朶頦下一部銀鬚連鬢過腹足有二尺來長被風吹得飄飄然掩着半身雖說八十餘歲的人看去也不過六旬光景他一手揝着兩個鐵毬大踏步從莊門上就闖進來了只聽他一面走一面說道你們這般孩子也忒不聽說我那等的囑咐你們說我這幾天有些心事心裡不自在親友

們來憑他是誰都囘他說我不能接待等閒的人也不必讓進來你們到底弄得車輛牲口的圍了一門口子這早怎麼個原故姑爺眞個的你住在這裡就是你的一畝三分地我一個錢的主意都作不得不成褚一官連忙答說老爺子這又來了這話叫人怎麼搭岔兒呢你老人家是一家之主說句話誰敢不聽只因今日來的不是外人是我大舅兒面上來的親戚理道的偺們怎麼好不讓人家進來喝碗茶呢那鄧九公道哦舅爺面上來的舅爺到這裡我鄧老九沒敬錯啊誰家沒個糟心的事難道因爲舅爺我還說不得句話嗎不是我說句分斤辦兩的話咧舅

爺有甚麼高親貴友該請到他華府上去偏要趁這個當
兒熱鬧我是個甚麽講究華忠一聽說不好了這是衝着
我來了因陪笑道親家爹你老人家聽我說要是我不白
的認得這等一個尋常人我斷不肯請他進來只因他是
個主兒你老人家有甚麼不聖明的那鄧九公聽了把眉
毛一擩眼睛一窄巴說甚麼行子主兒誰是主兒啊我鄧
老九仗的是天地的養活受得是父母的骨血吃的是皇
王的水土我就是主兒誰是主兒呀那主兒貢幾個錢兒
一個豬一官是怕安老爺聽着不雅忙攔道你老人家流
句可不要鄧九公見他如此說便丟下華忠向着他道哦

我錯了露着你們先親後不敢欺負我老邁無能這麽着
不信咱們爺兒們較量較量説着挽起那大寬的馬褂兒
袖子來舉拳就待動手老爺從門裡看見説這一動手可
就不成事了連忙跑到跟前搵扡一躬説九公老人家且
莫動手聽晚生一言告禀那鄧九公正在揮拳忽見一個
人從西角門兒裡出來相勸定睛一看只見那人穿一件
老臉兒灰色三朵菊的庫紬缺衿兒棉袍套一件天青荷
蘭雨緞厚棉馬褂兒捲着雙銀鼠袖兒頭上戴着個藍瑠
子帽罩兒看不出甚麽帽子有頂戴沒頂戴來他提着拳
頭看了一眼便問褚一官道這又是誰華忠恐他説別的

連忙說這就是我們老爺安老爺連喝道你這個人好蠢怎麼還這等說法因對鄧九公道晚生是從此路過遇見我們這姓華的因此纔見着這位褚一爺提起來知道九公也在這裡晚生久聞大名如雷貫耳要想拜見拜早他兩個是再三相辭却是晚生一時不知進退定要候着瞻仰尊顏這事却與他兩個無干如今既是九公不耐煩晚生立刻告退斷不可因我外人壞了自已骨肉的情分說罷又是一躬那老頭兒見安老爺這番光景心裡先有三分願意說且住我也曾聞着我們這舅爺跟的是個官兒這麼着尊駕先通個姓名來我聽聽這個當兒他一隻手

只管得兒楞楞得兒楞楞的搓着那副鐵球那一隻拳頭可就慢慢的搭拉下來了安老爺見問便說道不敢晚生姓安名字呌作學海說了這句話只見他兩眼一怔怔了一聲說你呌安學海你莫非是作過南河知縣被談爾音那廝寃枉叅了一本的安青天安太老爺嗎安老爺道晚生却是作過幾天河工知縣如今辭官不作了那鄧九公聽得把手一拍便對着衆人道我說你們這班孩子紫嘴子一抹汗兒不中用褚一官道又怎麽了老爺子鄧九公睜着雙大眼睛道這位安太老爺的根基你們大略着也未必知道他是天子脚底下的從龍世家在南河的時候

不肯賺朝廷一個大錢不肯叫百姓受一分累是一個淸如水明如鏡的好官眞是金山也似的人這是一再說我是淮安府根生土長他作那裡的知縣就是我的父母官今日之下人家到了偺們家就好比那太陽爺照進屋子裡來了怎麽着你們連個大廳也不開把人家讓到那背兒旮旯子裡去這都是你們幹出來的豬一官一聽心裡說得了夠了我的了忙說我們不行喲還得你老人家操心哪說着暗地裡合那些莊客擠眉弄眼說走哇偺們收拾大廳去鄧九公這纔轉到下手讓安老爺大廳待茶老爺纔把帽罩子摘了遞給華忠進了屋子那鄧九公連忙把

那副鐵球揣在懷裡向安老爺道老父母子民鄧振彪叩見可恕我腰腿不濟不能全禮說罷打了一躬老爺頂禮相還老爺此時早看透了鄧九公是個重交尚義有口無心年高好勝的人便道九公我安某今日初次登堂見你這番英雄氣槩況又這等年紀還是這樣精神眞是名下無虛我安某得見恁般人物大快平生我這裡有一拜說着借着還那一躬就拜了下去慌得鄧九公連忙爬下還禮不迭說我的老父母你可不要折了我鄧振彪的草料還了禮一面把那大巴掌撩住老爺的胳膊那隻手架着膈肢窩攙了起來看他那起跪比安老爺還來得利便老

爺起來又對他說道我們先交代句話這父母官子民的稱呼原是官塲的俗套兒請問如今那些地方官又那個眞對得住百姓作得起個民之父母况且我又是個下塲的人足下又不是身入公門要一定這樣的稱呼倒覺俗氣就論歲數也比我長着三十餘年如不見棄我今日就認你作個老哥哥何如鄧九公聽了喜出望外口裡却作謙讓說這可不當老父母你是甚麽樣的根基我鄧老儿雖然癡長幾歲算得個甚麽也好妄攀起來老爺道快休說這話你我丈夫行事四海之內皆兄弟也說着早又拜了下去鄧九公也忙着平磕了頭起來拉了老爺的手給

哈大笑說道老弟這實在是承你的錯愛劣兄今年活了八十七歲再三年就九十歲的人了天下十七省不差甚麼走了一大半子也交了無數的朋友今日之下結識得你這等一個人物人生一世算不白活了說着只樂得他手舞足蹈眼笑眉飛褚一官等在旁看了也自歡喜鄧九公便對褚一官道這偺們恭敬不如從命遵節兒錯不得姑爺你也過來見見你二叔一官連忙過來重新行禮老爺拉起他來這個當兒華忠抖積伶兒拿了把綢撣子來給老爺撣衣裳上的土老爺笑道這不好勞動舅爺呀把個華忠嚇得一面忍笑一面撣着土說道這裡頭可沒奴

才的事安老爺因命他你把大爺叫來鄧九公道原來少爺也跟在這裡你們旗下門兒裡都叫阿哥快請快請安公子在那邊早曉得了這邊的消息聽兒老爺叫便帶了戴勤隨緣兒過來安老爺指了鄧九公向公子道這是九大爺請安公子便恭恭敬敬的請了個安喜得個鄧九公雙手捧起他來說老賢姪大爺可合你謙不上來了又望着老爺說老弟你好造化看這樣子將來准是個八抬八座罷咧一時褚一官便用那個漆木盤兒又端上三盌茶來老頭子一見又不願意了說姑爺你瞧怎麼使這傢伙給二叔倒茶露着偺們太不是敬客的禮了有前日那九

九江客人給我的那御製詩蓋碗兒說那上頭是當今佛爺作的詩還有蘇州總運二府送的那個甚麽曼生壺合偺們得的那雨前春茶你都拿出他來稀一官答應着纔要走老爺忙攔說不用這樣費事我向來不大喝茶我此時倒用得着一件東西老哥哥可莫笑我没出息兒還只怕你這裡未必有鄧九公聽了怔了一怔說老弟難道拿着你這樣一個人吃鴉片烟不成老爺道不是不是我生平别無所好就是好喝口紹興酒可不知你老人家裡有這東西没有鄧九公見問把兩隻手往棹子上一按身子往前一探說怎麽說老弟你也善飲老爺道算不得善飲

不過沒出息兒貪杯鄧九公道哦哦哦我聽聽也能喝個多少呢老爺道從前年輕的時候渾喝也不大知道甚麽叫醉如今不中用了喝到三二十觔也就露了酒了鄧九公聽了樂得直跳起來說幸會幸會有趣有趣再不想我今日遇見這等一個知己愚兄就喝口酒他們大家夥子竟跟着嘈嘈又說這東西怎麽犯脾濕又是甚麽酒能合歡也能亂性那裡的話呢我喝了八十年了也沒見他亂性你見那喝醉了的他打過自己罵過自己嗎這都是那沒出息兒的人不會喝酒造出來的謠言說着便向褚一官道既這樣不用鬧茶了家裡不是有前日得的那四個

大花雕媽今日偺們開他一罈兒合你二叔喝喝褚一官說拉倒罷老爺子你老人家無論叫我幹甚麽我都去獨你老人家的酒我可不敢動他囘來又是怎麽攪甌了溫毛了我又不會喝那東西我也不懂我纔不清等我找了你老的女孩兒來你老自已告訴他罷再者二叔在這裡也該叫他出來見見鄧九公說這話倒是你就去原來褚家娘子雖是那等合安老爺說了也防他父親的脾氣靠不住正在牕後暗聽聽見如此說便出來重新見過因說道這些事都不用老爺子操心我纔聽得老哥兒倆一見就這樣熱火我都預備妥當了再說既要喝酒必要說說話

兒這裡也不是說話的地方兒一家人罷咧自然該把二叔請到偺裡頭坐去再這天也不早了二叔這等大遠的來難到還讓到別處住去麼自然留他老人家在家多住兩天你老人家要有事只管去家裡横豎有人照應鄧九公道是呀是呀得虧你提補我因道咳老弟一個人上了兩歲歲數倒底不濟了我如今全靠我們這姑奶奶你我就依着他住幾天偺們痛痛的多喝兩塲安老爺聽了料這事也得大大的費一番說詞今日不得就走便道如此甚好只是打攪了說着便命家人把車子牲口打發了行李搬進來便同了九公進去先到了正房原來那正房却

是褚一官夫妻住着只見屋裡也有幾件硬木的木器也有幾件簇新的陳設只是擺得不論不類這邊桌子上放着點子傢伙吃食那邊桌子上又堆着天平算盤帳本子等類鄧九公道他這裡鬧得慌偺們到我那小屋兒裡坐去便讓老爺出了正房從西院牆一個屏門過去只見當門豎着一個彩畫的影壁過了影壁一個大寬轉院落兩棵大槐樹不差甚麽就遮了半個院子也堆着點子高高矮矮不成文理的山石也種着幾叢疏疏密密不合點綴的竹子又有個不當不正的六角亭子在西南角上那房子是小小的五間也都安着大玻璃一進屋門堂屋三間

通連東西兩進間鄧九公便讓安老爺在中間北牀坐下公子在靠南隐坐下褚大娘子張羅着倒了茶便向鄧九公道把偺們姑奶奶也叫出來見見也好幫幫我鄧九公道姑奶奶能呀役的叫你二叔笑話褚大娘子道二叔狠不笑話我們也不可笑因說道二叔你老人家不知道我父親只養了我一個兒我又沒個弟兄巴不得多一個親人再說我父親這個年紀了我怎麽樣的服侍總有服侍不到的地方兒所以說給他老人家弄個人他老人家瞧了幾個都不中意到後來瞧見這一個因他是我們淮安人纔留下了雖說是沒甚麽模樣兒絕好的一個熱心腸

兒甚麽吽鬧心眼兒掉歪他都不會第一是在我父親跟前服侍的盡心這就是我的大造化等我吽他來二叔瞧瞧安老爺說好極了也必該有這等一個人服侍我倒得見見我們這位如嫂褚大娘子聽了便自己向西間去找他還不曾走到跟前只聽得那帘子唿搭一聲就出來了一個人安老爺在堂屋上首向西坐着看得逼眞看那人約畧不上三十歲穿着件棗兒紅的絳色棉襖套着件桃紅襯衣戴着條大紅領子挽着雙水紅袖子家常不穿裙兒下邊露着玫瑰紫的褲子對着那一雙四寸有餘的金蓮兒穿着雙藕色小鞋子顏色配合得十分勻襯手上帶

着金鐲子玉釧叮噹作响鐲子上還拴條鴛鴦戲水的杏黃繡手巾頭上廟磬兒珠挑金翠爭光簪兒邊還配着根猴兒爬桿兒的赤金耳挖子花枝招展粧點鮮明褚大娘子看了問道今日甚麼事這麼打扮着只聽他笑道說有客來了麼我說看老爺子叫我見呢褚大娘子說着又望他胸前一看只見帶着攥猪也似的一大嘟嚕因用手撥弄着看了一看原來胸坎兒上帶着一掛茄楠香的十八羅漢香珠兒又是一掛旱桂香的香牌子又是一掛紫金錠的葫蘆兒又是一掛肉桂香的手串兒又是一個蘇繡的香荷包又是一掛川椒香荔枝餘外還用線絡子絡着

一瓶兒東洋玫瑰油這都是鄧九公走遍各省給他帶來的這裡頭還加雜着一副鏤金三色兒一面檀香懷鏡兒都交代在那一個二鈕兒上褚大娘子看了說我的小媽兒呀你可坑死我了怎麼好好歹歹的都帶出來了他又嘻嘻的笑道都怪香兒的麼叫我丟下那件子呢褚大娘子笑道怪香兒的就該都搬運出來麼跟我來啵說着又給他拉拉袖子整整花兒臨近了安老爺又細看了看卻倒是漆黑的一頭頭髮只是多些就鬢角兒邊不用梳篦頭那頭髮便夠一指多厚雪白的一個臉皮兒只是胖些那臉蛋子一走一哆嗦活脫兒一塊涼粉兒眉眼不露輕

狂只是眉毛眼毛重些鼻子嘴兒倒也端正只是鼻梁兒塌些嘴唇兒厚些此外器無褒貶更加脂香粉膩刷的一口的白牙把個鄧九公疼的望着他眼睛樂的沒縫兒口笑的合不攏來只見他將個眼前就奔了安老爺去了鄧九公道你來等我告訴你這位安二老爺人家是在旗的世家因爲賑的起我纔合我結了弟兄纔說到這句他便道是他二叔哇九公道這又來了倒底是誰二叔啊你見了得稱他老爺他聽了側說道哦老爺啊那麽請安說着扎煞着兩隻胳膊直挺挺的就請了一個單腿兒安九公道你還是拜拜不結了你麽又鬧個安呢他說老爺麽

不講安安老爺也連忙站起來還了個半揖說很好這位
姨奶奶生得實在厚重這是個多子宜男的相貌九公道
老弟不要這等稱呼你就叫他二姑娘老爺便慪九公道
這樣聽起來只怕還有位大如嫂呢罷他又接上話了說
没有價就我一個兒我叫二頭褚大娘子笑說二叔聽我
們是没心眼兒不是有甚麼說甚麼一句話没說完他早
趕身走了褚大娘子說怎麼走了我還有話呢他道姑奶
奶等着我就來只見他去不多會兒從屋裡裝出一袋烟
來那烟袋足有五尺多長安着個七寸多長的菜玉烟袋
嘴兒那烟袋嘴兒上打着一個青線算盤疙疸烟袋鍋兒

上還挑着一個二寸來大的紅葫蘆烟荷包裡面却不裝着烟烟是另擱在一個笸籮兒裡只見他一面嘴裡抽着走過來從他嘴裡掏出來就遞給安老爺說老爺抽烟兒呀安老爺忙着欠身說我不吃烟他說不是湖廣葉子呀是渣頭哇裡頭還有荳蔻皮兒哩老爺說我是不會吃烟他便說一袋烟可惜了的不姑奶奶抽罷褚大娘子道我可耍不上你那桿長鎗來你先擱下我告訴你話酒菓子我那邊都弄好了回來在我那邊招呼着送過來你可在這裡好好兒的張羅張羅那幾個小行行子靠不住因問黑兒他們都那裡去了只聽答應了一聲進來了一頭兒

十一二歲的四個孩子一個漆黑一個大胖一個奇醜一個多麻就叫作黑兒胖兒醜兒麻兒原是鄧九公家的四個村童合這位二姑娘要算這老頭兒的一分儀從離不開的所以到女兒家住着也帶了來當下褚大娘子又囑咐了四人幾句早有幾個小廝兒老婆子送過酒菓來褚大娘子便合鄧九公道大爺請到我們那院裡我張羅他去罷我瞧他在這裡怪拘束的安老爺先道狠好你就跟了大姐姐去因說你也過來見見姨奶奶公子只得過來作了個揖那姨奶奶也拜了一拜笑道好個少爺長的怪俊兒的褚大娘子道啲你怎麼這些話啲他又道姑奶奶

你只說我愛說話哩你瞧瞧他那臉蛋子有紅似白兒的不像那娘娘廟裡的小娃娃子鄧九公褚大娘子聽了都呵呵大笑連安老爺也忍不住笑起來倒把個公子臊了個滿臉緋紅便同了褚家娘子過那院去了列公切不可把這位姨奶奶誤認作狎邪一路自天地開闢以來原有這等混沌未鑿的人世間除了那精忠純孝苦節大義四項人定可至誠格天之外惟有這混沌未鑿的人最蒙上天愛惜無不富貴壽考安樂終身他絕不得有那紅顏薄命皓首無依之嘆只怕比起那忠臣孝子義夫節婦更上一層眞項令人起忻起羡也閑話休提言歸正傳却說這

裡擺下菓菜豬一官也來這裡照料了一番去後鄧九公便取出一對大盃同安老爺高談暢飲起來那安老爺酒在肚裡事在心裡暗暗盤算說這老頭兒雖說粗豪却是個久經世故的須是不露一毫芒角纔引得出他的真話來呢酒過三巡恰好那鄧九公問起老爺的宦塲來他道老弟你方纔說如今辭官不作我聽得我們淮安親友們來說那談爾音被御史參了一本朝廷差了一位甚麼吳大人來把他拿問老弟你官復原職了我想老弟你這年紀正好給朝廷出力爲甚麼倒要告退還鄉再說還鄉又怎的不走官塘大路從這條路來呢安老爺道九兄你有

所不知想我半生苦志讀書纔巴結作個知縣不上半載便經了這等意外的風波大約宦途的味兒不過如此不如退歸林下徧走江湖結識幾個肝膽英雄合他杯酒談心倒是人生一椿快事鄧九公聽到這裡不由得端起盃來一飲而盡又伸了一個大拇指頭說道高老爺便接着往下說道至於此來却原爲小兒出京的時候這華忠一路跟隨病在店裡及至小兒到了淮上久不見他南來的消息此番走到這路想這褚一官壯士正是他的至親尋着一官一問定知端的因沿路訪問都說褚壯士在二十八棵紅柳樹住家到了那裡纔知他就住在吾兄的寶莊

上我想旣到靈山豈可不朝我佛倒把打聽華忠消息這樁事擱起徑投寶莊拜識尊顏誰想吾兄不在莊上就連那衛壯士也說搬在東莊去了我就一路跟尋到此恰巧在此地莊外遇見華忠得見一官又知他作了吾兄的快婿談起來纔知吾兄的大駕也在此地不承望天緣湊巧倒在此地相會又得彼此情同針芥一言訂交眞是難得的一番奇遇鄧九公道原來老弟倒枉駕先到舍下只是我多多失候越發不安了安老爺道你我豪杰相逢何必拘這形跡我方纔還同令婿議論海內的人物提起一家有名的豪杰不想問他竟自不知底裡鄧九公道老弟你

着不得這些年輕的小爺們花說柳說的不中用一按就沒了早呢你問的這人你既稱到他是個豪杰大約也不是甚麼無名之輩你說給我聽慢講這大江南北那怕三江兩湖川陝雲貴以至關裡關外但是個有點聽頭兒的提起來大槩都知道他個根兒縈兒你問誰罷安老爺道這人說來卻不甚遠只在方近地方只是隔了這幾年不知他現在的住處鄧九公聽了把嘴一撇道甚嗎我們這個地方兒會有個有名兒的豪杰老弟那可是聽了謠言來了這地方要找紹興罎子大的倭瓜棒槌粗的玉米棒子只怕還找得出來要講豪杰劣兒在此地住了時日

的七十年了也没見過那豪杰是四方腦袋八楞兒腦袋安老爺正色道老哥哥古人云十室之邑必有忠信又道是真人不露相何地無才這話倒不可如此講縱說是九兒你覷於海者難爲水只怕小弟說的這個人老哥哥也小看他不起大約你也必該認得他並且除了你別人也不配認得他鄧九公聽了歪着頭想了一會道叽誰因向老爺道老弟你試把他的姓名說來我領教領教安老爺拈着幾根小鬍子兒眼睛望着鄧九公說道這人人稱叫他作十三妹鄧九公纔聽得十三妹三個字早把手裡的酒杯吧的往桌子上一放說老弟你是怎生曉得這個人

安老爺道你且慢問我怎生曉得這人你只說這人究竟算得個豪傑算不得個豪傑你可認識他不認識他鄧九公見問未從說話先嘆了一聲說老弟若論此人雖是三綹梳頭兩截穿衣不但算得脂粉隊裡的一個英雄還要算英雄隊裡一個領袖說起來天下的男子漢都該愧死我豈止認得他他還要算我個知己恩人哩安老爺一聽心裡暗說有些意思了因說道話雖如此只是他究竟是個年輕女子老哥哥你這樣的年紀這等的威名說他是個知己有之怎生說到是個恩人起來這話倒願問一個詳細九公道酒凉了咱們換一換說着換上熱酒來二人

酒到盃乾只那姨奶奶帶了兩三個婆子照料幾個村粵來往穿梭也似價伺候倒也頗爲簡便且是乾淨說話間褚大娘子又帶人送過點心湯來讓了一番原來安老爺喝酒不大吃菜只就着鮮菓子小菜過酒鄧九公喝起來更是鯨吞一般的豪飲沒有吃菜的空兒因此點心不過用了些褚大娘子便叫人端去讓姨奶奶吃完散給那些孩子們了鄧九公說奶奶你張羅你的去罷褚大娘子道他們不用張羅他們連麪都吃了那大爺纔坐下瞅着那麼怪膔腆的被我慪了他一陣這會子熟化了也喫飽了同女婿合他大舅倒說的熱鬧中間的說話間姨奶奶

吃完了餑餑合褚大娘子道姑奶奶在這裡我也瞧瞧大爺去九公道你走了可小心他們溫毛了我的酒褚大娘子道只管去罷有我呢那姨奶奶便笑嘻嘻的走到九公跟前從袖子裡掏出一個紅燈花紙包囊兒來說老爺子你瞧瞧這個九公打開一看原來是蘇繡的一個大紅緞子小腳兒香袋兒一個石青平口抽子九公問他這作嗎呀他道我給那大爺好不好九公道好好你給去罷又提着那抽子問他道這裡頭沉顛顛的又是甚麼東西他道可怎麼空空兒的給他呢我給他裝上了一百老錢九公哈哈大笑起來褚大娘子說別笑人家好哇叫他也活動

活動去罷說着坐在一邊便聽那鄧九公向安老爺道老弟你方纔問那十三妹我怎生說到他是我的恩人你可知道愚兄是個敗子回頭金不換我自幼兒也念過幾年書有我們先人在日也叫我跟着人家考秀才去文章呢倒糊弄着作上了誰知把個詩倒了平仄六韻詩我又只作了十句給他落了一韻連個覆試也沒巴結上後來他老人家就沒了我看了看我不像是這裡頭的蟲兒就結識了一班不安分的人使鎗弄棒甚至吃喝嫖賭無所不至已經算走到下坡路上去了還虧幾個老輩子的說放着你這樣一個漢仗這樣一分膂力去考武不好爲甚麼

幹這不長進的營生呢我想一個沒爺的孩子有個人出來告訴這麼句正經話就算難得我就一擧頭的學着拉硬弓騎快馬端石頭練大刀這年學台下馬報了考到了考的這天我開得十六力的硬弓那三百六十觔的頭號石頭平端起來在場上要走三個來回大刀單撒手舞三個面花三個背花還帶開四門馬步箭全中這麼說罷老弟算槩了場了不想到了末場默寫孫武子兵書我又落了兩個字自已也沒看出來便有學院上的書辦找來說大人見我的武藝件件超羣要中我個案首只因兵書裡落了字打下來了叫我花五百銀子依然保我個插花披

紅的秀才那時候要論我的家當兒再有幾個五百也拿出來了只是我想大丈夫仗本事幹功名一下脚就講究花錢搦了銳氣了我就回他說中與不中各由天命不走小道兒安老爺道這纔是正人君子的作事只怕這本領可要埋沒了九公道你聽麽他不中我倒也平常誰想他單單把我擱在末尾兒一名叫我坐紅椅子我說這就筭他給朝廷開科取士來了一賭氣子我老師也没拜鹿鳴宴也没赴花紅也没領我說功名一路筭没我了到後來親友們見我在家裡悶坐着便有幾個標行的朋友請我跟他們走標走了兩年我就自已立了字號單身出馬鏢

輩的走了六十年仗着老天養活不會擦過臉失過事到今日之下吃這盤飽飯都是老天賞的這年到了八十歲了我說收船好在順風時告訴親友們我可要摘鞍下馬咧誰知那些有字號的大買賣行中苦苦的不放都隔年下了關書聘金來請只得又走了五年我說這可該收了便預先給各省稍下帖子去說來年一定歇馬一應聘金概不敢領承那些客商們的台愛都遠路差人送彩禮來給我慶功又大家給我掛了一塊匾寫得是甚麼名鎮江湖四個大字老弟你想人家好看咱們咱們有個自己不發好看的嗎我那二十八棵紅柳樹莊上本也寬綽西院

裡有教場一般的一個大院落蓋着五間正廳那是我帶了徒弟們教武藝的地方我就在那個所在正中搭了座戲台兩旁扎起兩路看棚來在府城裡叫了一班子戲把那些遠來的客人合本地城裡關外的紳衿舖戶以至坊邊左右這些鄉鄰普遍一請一連兒熱鬧了三天一日無事二日安然到了第三日正是本地那些鄉隣們來吃酒看戲那日人來的更多廳上棚裡都坐得滿滿的再搭上那賣熟食的賣糖𤓰豆兒趕小買賣的兩邊站得千佛頭一般台上唱的是飛標黄三太打竇二墩正唱到黄三太打敗了竇二墩大家賀喜他家裡來報說生了黄天覇了

大家都說這戲唱得對景我們鄧九太爺將來一定也要得這樣一位相公就這個一盃那個一盞冷的熱的輪流把我一灌我可就喝得有些意思了正在高興忽見我莊上看門的一個莊客跑了進來報說外面來了一個人口稱前來送禮賀喜問他姓名他說見面自然認得我就吩咐那莊客說莫問他是誰只管請進來大家吃酒看戲一時請了進來只見那人身穿一件青綿紬袷褂斜披件喀喇馬褂兒還戴頂樂亭帽兒腳穿一雙雙樑熟皮靸了鞋身上背着藍布纏的一樁東西雖看不見裡面約莫是件兵器後邊還跟着個人手裡托着一個紅漆小盒兒走上

靂來把手一拱說道請了只此兩個字他就挺着腰叉着隻脚扭對臉去攏着拳頭站着我心裡說這個賀喜的來的古怪呀因問他足下何來他道姓鄧的你非不認得我我非不認得你休推睡裡夢裡今日聽得你摘鞍下馬賀喜慶功特來會你我仔細一看那人却也有些面熟只是猛可裡想不出是誰因對他說足下恕我眼拙一時間想不起那裡會過他說我叫海馬周三你我牤牛山會有一鞭的交情這句話我想起來了五年前後我從京裡保標往下路去我們同行有個金振聲他從南省保標往上路來對頭走到牤牛山他的鏢貨被人吃了去了是我路見

不平趕上那廝打了一鞭奪回原物他因此懷恨前來報仇趁着我家有事要在衆人面前砢磣我一塲我說朋友你錯怪了我了這同行彼此相救是我們一個行規況這事雲過天空今日既承下顧撇過這篇子去現成兒的酒席咱們喝酒你我就借着這盃酒解開這個扣兒作個相與你道如何早有那些在坐的一同上前解和老弟你道我看衆朋友的面上也算忒讓了他了罷誰知他倒不中抬舉起來說道不必讓茶讓酒自你我牤牛山一別我埋頭等你終要合你狹路相遇見個高低今日之下你既摘標下馬我海馬周三若暗地裡等你也算不得好漢今日

到此當着在坐的衆位請他們作個証明要合你借個一萬八千的盤纏補還我牤牛山的那樁買賣你是會的破個笑臉兒雙手捧來便罷儻若不肯我也不叫你過於為難我這盒兒裡裝着一碗兒雙紅胭脂一匣滴珠香粉兩朵時樣的通草花兒你打扮好了就在這台上扭個週遭兒我瞧瞧我塵土不沾拍腿就走說罷把個盒兒揭開放在當中桌上老弟你說就讓是個泥佛兒罷可能聽了不動氣安老爺道這人豈不是個儩賴小人的行徑了鄧九公道哈哈老弟你可也莫要小看了他不想到這等一個人竟自能屈能伸有抽有長說着又乾了一盃說話的這

個當兒主客二位已都是五七十大杯過了手了褚大娘子在一旁說道我看老爺子今日的酒又有點兒過去了人家二叔問的是十三妹你老人家可先說這些陳穀子爛芝蔴的作甚麽鄧九公道姑奶奶你當我說的是醉話嗎若不從這根子上說起怎見得出那十三妹姑娘的英風義氣來見不出那十三妹姑娘的英風義氣這回書可還有個甚麽大聽頭兒呢再說人家聽書的又知道我鄧九公到底是個誰呢安老爺便接着問道後來吾兄便怎麽樣呢鄧九公道那時我一把無名業火從脚根下直透頂門只是礙着衆親友不好動粗我便變作一番啞然大

笑我說我只道你用個一百萬八十萬的那可叫短了我了一萬銀還僃得起回頭我就叫人盤銀子去在坐的衆人還苦苦的相勸道二位不可過於認眞有我們在此大家緩商我便對他大家說道衆位休得驚慌我鄧某雖不才還分得出個皂白淸濁這事無論鬧到怎的場中絕不相累霎時把那銀子搬齊放在當院一張八仙桌兒上我說明朋友敘銀一萬兩在此只是我鄧老九的銀子是憑精氣命脉神掙來的你這等輕輕鬆鬆只怕拿不了去此地却是我的舍下自古主不欺賓你我兩家說明都不許人幫就在這當場見個强弱你打倒了我立刻盤了銀子去

那怕我身帶重傷一定抹了瞎粉帶了花朶湊這個趣兒萬一我的兵器上沒眼睛一時傷犯了你可也難逃公道說着我便甩了衣裳拿了我那把保標的虎尾竹節鋼鞭他也脫去馬褂抖開他那兵器原來也是把鋼鞭合我這鞭的觔兩正不差上下那時衆人都出房來遠遠的圍了個大笸籮圈兒站着便是我自己的人也因我有話在前不敢傍近臺上的戲也煞住了站了一臺閑人都眼睜睜的不看台上那齣戲要看臺下這齣戲當下我兩個一個站在北面一個站在南頭亮了兵器就交起手來及至一交手纔知他不是五年前的海馬周三了原來他自從換

了我那一鞭之後便隱項埋頭去練這家武藝要洗牤牛山前的那一張羞臉一條鞭使了個風雨不透休想破他一絲我兩個來來回回正鬭得難分難解只見從正東八纍裡閃一般擦出一個人來手使一把倭刀把我兩個的鋼鞭用刀背兒往兩下裡一挑說你二位住手聽我有句公道話講那時我只道是來幫他的他只道是來幫我的各各收回兵器跳出圈子一看只見那人一身素妝戴着孝髻斜揹張彈弓兒原來是個女子安老爺擎杯道不必講這一定是十三妹無疑了鄧九公綽着那一部長鬍說老弟不是他還有誰那時我同周三兩個纔要合他答話

忽然正西上哧飛過一枝標來正奔了那十三妹的胸前我將説得聲招傢伙他早把身子一閃那標打了個空接着又是第二枝打來他不閃了只把身子一蹲伸手向上一綽早把那枝鏢綽在手裡説時遲緊跟着就是第三枝打來那時快他把手裡這枝標迎着那枝標發出去打個正着只見噌的一聲冒了一股火星子噹啷啷兩枝鏢雙雙落地那四面看的人就海潮一般喝了個連環大彩那發鏢的人也不曾露個面兒早不知嚇到那裡去了他也更不去尋更不在意便向我合周三道你二位今日這場鬬我也不問你們是非長短只是一個靠着家門口兒一

個仗着暗器便那個贏了也被天下英雄恥笑這恥笑不恥笑却與我無干只是我要問問怎生輸了的便該擰胭抹粉戴花難道這胭粉花朵的裡頭便不許有個英雄不成如今你兩個且慢動手這一桌銀子算我的你兩個那個出頭合我試鬭一鬭且看看誰輸誰贏那個戴那朵花兒擦那嘴胭脂抹那臉粉老弟那個當兒劣兒到底比尚三多吃了幾年老米飯一看他那光景斷非尋常之輩不可輕敵纔待合他講禮那周三見壞了他的道路又欺那十三妹是個女子冷不防嗖的就是一鞭那十三妹也不舉刀相迎只把身子順轉來翻過腕子從鞭底下用刀刃

往上一搕𠜱早把周三的鞭削作兩段衆人又是聲喝彩只就那喝彩的聲音裡頭接着一片喊聲早從人輪子裡噗噗跳出二三十條稍長大漢來要老爺問道這又是些甚麽人呢鄧九公道這班人原來是那海馬周三預先𣏌他的夥伴隨了那起戲子喬粧打扮混了進來預先一個個埋伏在此那時纔聽得衆人一聲喊這十三妹早上面一刀削斷了周三的鋼鞭下面趁勢就是一個潑腳把周三踢得爬在地下他趕上一步一脚踏住了脊梁用刀指着那羣賊夥道你們那個上前我就先宰了你這匹海馬作個㮶樣那班人聽了這話生怕壞了他頭領性命都嚇

得不敢上前倒退下去他便對那班盜夥說道就請你衆人偏勞把那個紅漆盒兒捧過來給你這位大王戴上花兒抹上胭粉好讓他上臺扭給大家看老弟你這可就聽出周三的有抽有長兒來了只聽他爬在地下高聲叫道衆兄弟休得上前這位女英雄也且莫動手我海馬周三也作了半生好漢此時我不悔我來得錯我只悔我瞎看了天下的英雄今日出醜當塲我也無顏再生人世便是死在你這等一位英雄刀下也死得値就請砍了頭去不必多言老弟你只聽聽十三妹這本領可是脂粉隊裡的一個英雄英雄隊裡的一個領袖安老爺用手把棹子一

拍說道痛快拿起盃來一飲而盡褚大娘子道二叔怎的儘喝酒也不用些菜安老爺道姑奶奶你聽你老人家這段話還抵不得一肴下酒的美品麽何用再去吃菜鄧九公一面吃着酒一面說道老弟這話還算不得下酒的美品呢你看那十三妹打倒海馬周三他又言無數句話不一席疊兩個指頭說出一番話來待劣兄慢慢的說與你那纔算得酒菜裡的一品珍饈海錯管叫你連吃十大碗還痛快得不耐煩哩道正是何用漢書來下酒者番清話也消愁要知那鄧九公又向安老爺說出些甚的情由下回書交代

兒女英雄傳評話第十五回終

兒女英雄傳評話第十六回

莽撞人低首求籌畫　連環計深心作筆談

上回書講得是安老爺義結鄧九公想要借那鄧九公作自己隨身的一個貫索蠻奴為的是先收服了十三妹這條孽龍使他得水安身然後自己好報他那為公子解難贈金借弓退寇並擇配聯姻的許多恩義又喜得先從褚大娘子口裡得了那鄧九公的性情因此順着他的性情一見面便合他快飲雄談從無心閒話裡談到十三妹果然引動了那老頭兒的滿肚皮牢騷不必等人盤問他早不禁不由口似懸河的講將起來講到那十三妹刀斷鋼

鞭鬬敗了周海馬作色撚鬚十分得意安老爺聽了說道這場惡鬬鬧到後來怎的個落場兒那鄧九公道老弟呀那時我只怕十三妹聽了海馬周三這段話一時性起把他手起一刀雖說給我增了光了出了氣了可就難免在場這些親友們受累正在爲難又不好轉去勸他誰想那些賊夥一見他的頭領吃虧十三妹定要叫他戴花擦粉急了一個個早丟了手中兵器跪倒哀求說道這事本是我家頭領不知進退冒犯尊威還求貴手高抬給他留些體面我等感當重報只聽那十三妹冷笑一聲說你這班人也曉得要體面麼假如方纔這九十歲的老頭兒被你們一

鞭打倒他的體面安在再說方纔若不虧你姑娘有接標的手段着你一標我的體面安在衆人聽了更是無言可答只有磕頭認罪那十三妹採也不採便一腳踏定周海馬一手擎着那把倭刀換出一副笑盈盈的臉兒對着那在場的大衆說道你衆位在此休猜我合這鄧老翁是親是故前來幫他我是個遠方過路的人合他水米無交我平生慣打無禮硬漢今日撞着這場是非路見不平拔刀相助並非圖這幾兩銀子說了這話他然後纔回頭對那班盜夥道我本待一刀了却這斷性命既是你衆人代他苦苦哀求殺人不過頭點地如今權且寄下他這顆驢頭

你們要我饒他只依我三件事第一要你們當着在場的衆位給這主人賠禮此後無論那裡見了不准錯敬第二這二十八棵紅柳樹鄧家莊的週圍百里以內不准你們前來騷擾第三你們認一認我這把倭刀合這張彈弓此後這兩宗東西一到無論何時何地何人都要照我的話行事這三件事件件依得便饒他天字第一號的這場羞辱你大家快快商量回話衆人還不會開口那海馬周三早在地下喊道只要免得戴花擦胭抹粉都依都依再無翻悔衆人也一疊聲兒和着答應那十三妹這纔一抬腿放起周三那廝爬起來同了衆人走到我跟前齊齊的尊

了我聲鄧九太爺向我搗蒜也似價磕了陣頭就待告退老弟古人說的好得意不可再往我鄧老九這就戒殺貽的了再說也不可向世路結仇我就連忙扶起他來說周朋友你走不得從來說勝敗兵家常事又道是識時務者呼爲俊傑今日這樁事自此一字休提現成的戲酒就請你們老弟兄們在此開懷痛飲你我作一個不打不成相遇的交情好不好周三他倒也得風便轉他道既承台愛我們就在這位姑娘的面前從這句話敬你老人家起當下大家上廳來連那在場的諸位也都加倍的高興我便呌人收過兵器銀兩重新開戲洗盞更酌老弟你想這個

過節兒得讓那位十三妹姑娘首座不得我連忙滿滿的斟了盅熱酒送過去他說道我十三妹今日禮應在此有你兩家禮成只是我孝服在身不便宴會再者男女不同席就此失陪再圖後會說着出門下堦嗖的一聲托地跳上房去順着那房脊邁步如飛達三蹿五霎時間不見蹤影我這纔曉得他叫作十三妹老弟你聽這場事的前後因由劣兄那日要不斷這位十三妹姑娘豈不在人輸子裡把一世的英名擲盡你道他怎的算不得我一個恩人因此那天酒席一散我也顧不得歇乏了便要去跟尋這人這纔據我的莊客們說這人三日前就投奔到此那時

因莊上正有勾當莊客們便把他讓在前街店房暫住約他三日後再來現在他還在店裡住着我聽了這話便趕到店裡合他相見原來他只得母女二人他那母親又是個既聾且病的看那光景也露着十分清苦我便要把合周三賭賽的那萬金相贈爭耐他分文不取及至我要請他母女到家養贍他又再三推辭問起他的來由他說自遠方避難而來因他一家孤寡生恐到此人地生疏知我小小有些聲名又有幾歲年紀特來投奔要我給他家遮掩個門戶此外一無所求當下便合我認作師徒他自已却在這東南上靑雲山山峯高處踹了一塊地方結幾間

業歷仗着他那口倭刀自食其力養贍老母我除了給他送些薪水之外還要送你送他甚麼一槩不收只一個月頭裡借了我些微財物不到半月他依然還照數還了我了因此直到今日我不曾報得他一分好處安老爺道據這等說起來這人還不單是那長槍大戟的英雄竟是個揮金殺人的俠客我也難得到此老兄台你合他既有這等的氣誼怎的得引我會他一會也好鄧九公聽了這話怔了一怔說老弟若論你合這人彼此都該見一見纔不算世上一樁缺陷事只可惜老弟來遲了一步他不日就要天涯海角遠走高飛你見他不着了安老爺故作驚訝問道

這却爲何只與鄧九公未從說話兩眼一酸那眼淚早泉湧一般落得滿衣襟都是連那白鬚上也沾了一片淚痕嘆了一聲道老弟劣兄是個直腸漢肚子裡藏不住話獨有這樁事我家裡都不曾提他一字不信你只問你姪女兒就知道了原故只因十三妹的這樁事大須慎密不好泄漏他的機關如今承老弟你問到這句話我兩個一見氣味相投肝膽相照我可瞞不上你來原來這位姑娘他身上有殺父大仇只因老母在堂無人奉養一向不曾報得不想前幾天他這母親又得了一個緊痰症沒了他如今孝也不及穿事也不及辦過了一七葬了母親便要去

幹這大事今日他母親死了是第四天了只有明後日兩天他此時的心緒避人還避不及我怎好引你去見他我昨日還問他的歸期他說是大事一了便整歸裝但這椿事也要看個機會也得了得了事纔好再回此地知他是三個月兩個月老弟你又那裡等得他便是愚兄這幾日也正為這事心中難過安老爺又佯作不知的道哦原來如此但不知他的父親是何等樣人因甚事被這仇家陷害他這仇人又是何等樣人現在在甚麼地方鄧九公擺手道這事一槩不知安老爺道吾兄這句話是欺人之談了他既合你有師生之誼又把這等的機密大事告訴了

你你豈有不問他個詳細原由的理一句話把鄧九公問急了只見他瞪了兩隻大眼睛嚷起來道豈有此理難道我好欺老弟你不成你是不曾見過他那等的光景就如生龍活虎一般大約他要說的話作的事你就攔他也莫想攔得他住手住口否則你便百般問他求他也是徒勞無益況且他仇還沒報這仇人的名兒如何肯說我又怎的好問只有等他事畢回來少不得就得知這樁快事了安老爺道如此說來此時既不知他這仇人為何人又不知他此去報仇在何地他强然究竟是個女孩兒千山萬水單人獨騎就輕輕兒的說到去報仇可不覺得猛浪些

在這十三妹的輕年任性不足深責只是老哥哥你既受他的恩情又合他師弟相關也該阻止他一番纔是怎的看了他這等輕舉妄動起來鄧九公聽了哈哈大笑說老弟台我說句不怕你思量的話這個事可不是你們文字班兒懂得的講他的心胸本領莫說殺一個仇人就萬馬千軍衝鋒打仗也了的了不用旁人過慮這是一二則從來說父仇不共戴天又道是君子成人之美便是個漠不相關的朋友咱們還要勸他作成這件事何况我合他呢所以我想了想眼前的聚散事小作成他這番英雄豪舉的事大我纔極力幫着他早些葬了他家老太太好讓他

一心去幹這樁大事也算盡我幾分以德報德之心此時我自有催促他的怎的老弟你顛倒嗔我不阻止他起來却説安老爺的話一層逼進一層引得個鄧九公雄辯高談眞情畢露心裡説道此其時矣且等我先收伏了這個貫索奴作個引線不怕那條孽龍不弭耳受教待他弭耳受教便好全他那片孝心成這老頭兒這番義舉也完我父子的一腔心事便對鄧九公説道自來説英雄所見畧同小弟雖不敢自命英雄這樁事却合老兄台的見識微微有些不同之處既承不棄見到這裡可不敢不言只是吾兄切莫着惱你這不叫作以德報德恰恰是個以德報

怨的反面叫作以怨報德那十三妹的一條性命生生送在你這番作成上了鄧九公聽了駭然道哈老弟你這話怎講安老爺道這十三妹是怎的個英雄我卻也只得耳聞不曾目睹就據吾兄你方纔的話聽起來這人大約是一團至性一副奇才至性人往往多過於認真奇才人往往多過於好勝要知一個人秉了這團至性這副奇才來也得天賜他一段至性奇才的福田纔許他做那番認真好勝的事業否則一生遭逢不偶志量不售不免就逼成一個過則失中的行逕看了世人萬人皆不入眼自己位置的想比聖賢還要高一層看了世事萬事都不如心自

已作來的要想古今無第二個干他的事他也作不干他的事他也作作的來的他也作不來的他也作不怕自已瀝膽披肝不肯受他人一分好處只圖一時快心滿志不管犯世途萬種危機久而久之掙那一團至性一副奇才弄成一段雄心俠氣甚至睚眦必報黑白必分這種人若不得個賢父兄良師友苦口婆心的成全他喚醒他可惜那至性奇才終歸名隳身敗如古之屈原賈誼荆軻聶政諸人道雖不同同一受病此聖人所謂質美而未學者也這種人有個極粗的譬喻比如那廝師養鷹一般一放出去他縱目摩空見個狐兔定要竦翅下來一爪把他擒

住及至遇見個狡兔黠狐那怕把他拉到污泥荆棘裡頭他也自己不惜毛羽絕不鬆那一爪再偶然一個擒不着他便高飄遠舉直可老死空山再不飛回來重受那鷹師的喂養這就是這十三妹現在的一副小照據我看他此去絕不回來老兄你怎的還妄想兩三個月後聽他來說那樁快事鄧九公道他怎的不回來老弟你這話我就想不出這個理兒來了安老爺道老兄你只想他這仇人我們此時雖不知底裡大約不是個甚麼尋常人如果是個尋常人有他那等本領早已不動聲色把仇報了也不必避難到此這人一定也是個有聲有勢能生人能殺

人的腳色他此去報仇只怕就未必得着機會下手那時大事不成羞見江東父老他便不回來了此其一便讓他得個機會下手他那仇家豈沒個羽翼牙爪再方今聖朝清平世界豈是照那鼓兒詞上頑得的一個走不脫王法所在他也便不得回來了此其二再讓他就如妙手空空兒一般報了仇竟有那本領潛身遠禍他又是個女孩兒家難道還披髮入山不成況且聽他那番冷心冷面早同枯木死灰把生死關頭看破這大事已完還有甚的依戀你只聽他合你說的大事一了便整歸裝這兩句話豈不是句合你長別的話麼果然如此他更是不得回來定了

可其三這等說起來他這條性命不是送在你手裡却是送在那個手裡鄧九公一面聽安老爺那裡說着一面自已這裡點頭聽到後來漸漸兒的把個脖頸低下去默默無言只瞅着那杯殘酒發怔這個當兒褚大娘子又在一旁說道老爺子聽見了沒有我前日合你老人家怎麼說來着我雖然說不出這些講究來我總覺一個女孩兒家大遠的道兒一個人兒跑不是件事你老人家只說我不懂這些事聽聽人家二叔道話說的透亮不透亮那老頭兒此時心裡已是七上八下萬緒千頭再加上女兒這幾句話不覺急得酒湧上來把一張肉紅臉登時扯耳朵帶

顋頰彎了個漆紫頭上熱氣騰騰出了黃豆大的一腦門子汗珠子拿了條上海布的大手巾不住的擦半天從鼻子裡哼出了一股氣來望着安老爺說道老弟呀我越想你這話越不錯眞有這個理如今剩了明日後日兩天他大後日就要走了這可怎麼好安老爺道事情到了這個場中只好聽天由命了那還有甚麼法兒鄧九公道嗨豈有此理人家在我跟前盡了那麼大情我一分也沒得補報人家這會子生生的把他送到死道兒上去我鄧老九這罪過也就不小就讓我再活八十七歲我這心裡可有一天過得去呀他女兒見父親眞急了說道你老人家先

莫焦躁不如明日請上二叔幫着再攔他一攔去罷那老頭兒聽了益發不耐煩起來說姑奶奶你這又來了你二叔不知道他難道你也不知道他嗎你看他那性子脾氣你二叔人生面不熟的就攔得住他了安老爺道這話難說只怕老哥哥你用我不着如果用得着我我就陪你走一遭俗語說的天下無難事只怕死求白賴或者竟攔住他也不可知鄧九公聽了這句話伸腿跳下炕來爬在地下就是個頭說老弟你果然有這手段你不是救十三妹直算你救了這個哥哥了慌得安老爺也下炕還禮說老哥哥不必如此我比舉也算爲你也算爲我你只知那十

三妹是你的恩人却不知他也是我的恩人哩鄧九公更加詫異忙讓了老爺歸坐問道怎的他又是你的恩人起來安老爺這纔把此番公子南來十三妹在茌平悅來店怎的合他相逢在黑風崗能仁寺怎的救他性命怎的贈金聯姻怎的借弓退寇那盜寇怎的便是方纔講的那牤牛山海馬周三他見了那張弓怎的立刻備了人馬護送公子安穩到淮公子又怎的在廟裡落下一塊寶硯十三妹他怎的應許找尋并說送這雕弓取那寶硯自己怎的感他情意因此辭官親身尋訪的話從頭至尾說了一遍鄧九公這纔恍然大悟說怪道呢他昨日忽然交給我一

撂硯台說是一個人寄存的還說他走後定有人來取這
硯台並送還一張彈弓又囑我好好的存着那彈弓作個
記念我還問他是個何等樣人他說都不必管只要這寳
硯收那雕弓遞那雕弓付這寳硯萬不得錯路上的這段
情節他並不曾提着一字再不想就是老弟合賢姪父子
這不但是這樁事裡的一個好機緣還要算這回書裡的
一個好穿插呢說着直樂得他一天煩惱丢在九霄雲外
連叫快拿熱酒來安老爺道酒夠了如今既要商量正事
我們且撤去這酒席趁早吃飯好慢慢的從長計較怎的
個辦法褚大娘子也說有理老頭兒沒法說道我們再取

個大些的杯子喝他三杯痛快痛快說着取來二人遞給了三巨觥恰好安公子已吃過飯同了褚一官過來安老爺便把方纔的話大畧合他說了一遍公子請示道既是這事有個大槩的局面了何不打發戴勤去先回我母親一句也好放心鄧九公聽了道原來弟夫人也同行在此麼現在那裡褚大娘子也說既那樣二叔可不早說我們娘兒們也該見見親香親香再說既到了這裡有個不請到我家吃杯茶的鄧九公也道可是的立刻就要着人去請安老爺道且莫忙如今這十三妹既訪着下落便姑奶奶你不去約他同媳婦也必到莊奉候好去見那位十三

妹姑娘今日這天也不早了而且不可過於聲張因吩咐公子道不必叫戴勤去留下他我另有用處就打發華忠帶了隨緣兒去把這話密密的告訴你母親合你媳婦也通知你丈人丈母就請你母親合媳婦坐輛車兒止帶了戴勤家的隨緣兒媳婦明日照起早上路的時候從店裡動身只說看個親戚不必提別的話留你丈人丈母合家人們在店照料行李他二位自然也惦着要來且等事體定規了再見這話你把華忠叫來我當面告訴他外面不可聲張褚一官道我去罷一時叫了華忠並隨緣兒來安老爺又囑咐一遍又叫他到一旁耳語了一番只聽他答

應却不知說的甚麽老爺因向褚一官道這一路不通車
道罷鄧九公道從桐口往這路來沒車道從這裡上往不
去有車道我們趕買賣運糧食都走這股道褚大娘子又
向褚一官道叫兩個妥當些的莊客同他爺兒倆去老爺
道兩個人夠了這一路還怕甚麽不成褚大娘子道不是
怕甚麽一來這一路岔道兒多防走錯了二來我們也該
專個人去請一請三來大短的天我瞧明日這話說結了
他娘兒這一見管取捨不得散我家只管有的是地方兒
可沒那些乾淨鋪蓋叫他們把家裡的大車套了去沿路
也坐了人也拉了行李褚一官道索興再備上兩個牲口

騎着路上好照應說着同了華忠父子出去打發他們趁身去了鄧九公先就說好極了因又向安老爺道老弟看我說我的事都得我們這姑奶奶不是褚大娘子道是了都得我喲到了留十三妹我就都不懂了鄧九公哈哈的笑道這又動了姑奶奶脾氣了大家說笑一陣鄧九公又去周旋公子一時又打一路拳給他看一時又打個飛脚給他看褚大娘子在旁一眼看見公子把那香袋兒合子口抽子都帶在身上說道大爺你眞把這兩件東西帶上了你看叫你帶的那活計一趁這兩件越發得樣兒了公子道我原不要帶的姨奶奶不依麼我沒法兒只得把二

百錢掏出來交給我嬷嬷爹纔帶上的安老爺道姑奶奶你怎麽這等稱呼他褚大娘子道二叔使得我們叫聲二叔就同父母似的這大爺跟前我可怎麽好老大大的叫他呢我們還論我們的萬一我有一天到了二叔家裡我還合他充續嬷嬷姑姑呢因問着公子道是不是公子也只得一笑安老爺道那我們又不敢那樣論法了説話間那位姨奶奶早已帶了人把飯擺齊安老爺坐下看了看也有厨下打發的整桌雞魚菜蔬合煮的白鴨子白煮肉又有褚大娘子裡邊弄的家園裡的瓜菜自已醃的肉腿並現拉的過水麵現蒸的大包子老爺在任上吃了半

年來的南席又吃了一道兒的頓飯乍吃着這些家常東西轉覺着十分香甜可口只見鄧九公他並不吃那些菜一個小小子兒給他捧過一個小缸盆大的霽藍海碗來盛着滿滿的一碗老米飯那個又端着一大碗肉一大碗湯他接來把肉也倒在飯碗裡又澆了半碗肉湯拿筷子拌了拌尖尖的一碗就着辣鹹菜嗯嚌嚕喝吱吱不上半刻吃了個罄淨老爺這裡纔吃了一碗麪添了半碗飯因道老哥哥的牙口竟還好他道不中了右邊兒的槽牙活動了一個了一時飯畢便挪在東間一張方桌前坐便有小小子給安老爺端了盥漱水來鄧九公卻不用漱盂只使

一個大錫漱口盂自已端着出了屋子大漱大咯的鬧了一陣把那水都噴在院子裡回手又見那姨奶奶給他端過一個揚州千層板兒的木盆來裝着凉水說老爺子使水呀那老頭兒把那將及二尺長的白鬍子放在凉水裡湃了又湃汕了又汕鬧了半日又用烤熱了的乾布手巾沍一回擦一回然後用個大木梳梳了半日收拾得十分潔淨光彩根根順理飄揚自已低頭看了覺得得意之至褚大娘子便合那位姨奶奶忙忙的吃過飯又漱已畢裝了袋烟也過來陪坐那邊便收拾傢伙下人揀了吃去老爺看着雖不同那鐘鳴鼎食的繁華豐盛規矩排場只怕

他這倒是個長遠吃飯之道話休絮煩却說鄧九公見大家吃罷了飯諸事了當他却耐不得了向安老爺道老弟你快把明日到那裡怎的個說法告訴我罷安老爺道既如此大家都坐好了當下安老爺同鄧九公對面坐了叫公子同褚一官上面打橫褚大娘子也在下面坐了褚一官坐下就開口道我先有句話明日如果見了面老爺子你老人家可千萬莫要性急索興讓我們二叔先說安老爺道不必講這齣戲自然是我唱也得老兄給我作一個好場面還得請上姑爺姑奶奶走走場並且還得今日趁早備下一件行頭鄧九公問道怎的又要甚麼行頭安老

爺道大家方纔不說這姑娘不肯穿孝媽如今要先把這作東西給他趕出來臨時好用褚大娘子忙道都有了那一天我瞧着他老太太那光景不好我從頭上直到脚下以至他的鋪蓋坐褥都給他張羅妥當了拿去他執意不穿是去報定了仇了可叫人有甚麽法兒呢老爺道有了更好鄧九公便道老弟你可別硬作呀不是我毛草他那脾氣性子可真累贅安老爺笑道不妨若無破綻揚波手怎取驪龍頷下珠就是老媽媽論兒也道是沒那金鋼鑽兒也不攬那磁器傢伙你看我三言兩語定叫他歇了這條報仇的念頭不但這樣還要叫他立刻穿孝盡禮不但

這樣還要叫他扶柩還鄉不但這樣還要叫他雙親合巹不但這樣還要給他立命安身那時纔算當完了老哥哥的這差了結了我的這條心願鄧九公道老弟我說句外話你莫要鋪張了罷老爺道不然這其中有個原故等我把原故說明白大家自然見信了但是這事不是三句五句話了事的再也定法不是法我們今日須得先排演一番但是這事却要作得機密雖說你這裡沒外人萬一這些小孩子們出去不知輕重露個一半句那姑娘又神道倘被他預先知覺了於事大爲無益如今我們拿分紙筆墨硯來大家作個筆談只不知姑奶奶可識字一不識褚一

官道他認得字字兒比我深還寫得上來呢老爺道這尤其巧了說着褚一官便起身去取紙筆列公趁他取紙的這個當兒說書的打個岔你看這十三妹從第四回書就出了頭無名無姓直到第八回他纔自己說了句人稱他作十三妹究竟也不知他姓某名誰甚麼來歷這書演到第十六回了好容易盼到安老爺知道他的根底這可要聽聽他的姓名了又出了這等一個西洋法子要鬧甚麼筆談豈不惹聽書的心煩性燥麼列公且耐性安心少煩忽燥這也不是我說書的定要如此這稗官野史雖說是個頑意兒其爲法則則與文章家一也必先分出個正傳

附傳主位賓位伏筆應筆虛寫實寫然後纔得有個間架結構即如這段書是十三妹的正傳十三妹爲主位安老爺爲賓位如鄧褚諸人并賓位也佔不着只算個願爲小相焉但這十三妹的正傳都在後文此時若縱筆大書就佔了後文地步到了正傳寫來便沒些些氣勢味同嚼蠟若竟不先伏一筆直待後文無端的寫來這又叫作沒來由又叫作無端半空伸一脚爲文章家最忌然則此地斷不能不虛寫一番虛寫一番又斷非照那稗官家的附耳過來如此如此八個大字的故套可以了事所以纔把這文章的筋脈放在後面去魂魄提向前頭來作者也煞費

一番筆墨然雖如此列公却又切莫認作不過一番空談後面自有實事把他輕輕放過去要聽他這段虛文合後面的實事却是逐句逐字針鋒相對列公樂得破分許精神尋些須趣味也剪斷殘言却說那褚一官取了紙筆墨硯來安老爺便研得墨濃蘸得筆飽手下一面寫口裡一面說道九兄你大家要知那十三妹的根底須先知那十三妹的名姓因寫了一行給大家看道那姑娘並不叫作十三妹他的姓是這個字他的名字是這兩個字他這十三妹二字就從他名字上這字來的大家道哦原來如此安老爺又寫了一行指道他的父親是這個名字是這等

官他家是這樣一個家世鄧九公道如何我說他那等的氣度斷不是個民間女子呢這就無怪其然了褚大娘子道這我又不明白了既這樣說他怎的又是那樣個打扮呢安老爺道你大家有所不知因又寫了幾句給大家看道是這樣一個原故就如我家這個樣子也儘有大家聽了這纔明白安老爺又道你大家道他這仇人是誰這算得個天大地大帝大滿大無大不大的大腳色因又寫了幾個字指給衆人看道便是這個人鄧九公道啊嗳他怎的會惹着這位太歲去合他結起仇來安老爺道他父親合那人是假親臨上司屬員怎生敢去合他結仇就為了

這姑娘身上的事說着又駡了兩句指道便是這等一個情節無奈他父親又是個明道理尙氣節的人不同那趨炎附勢的世俗庸流見他那上司平日如此如此更兼他那位賢郎又是如此如此任他那上司百般的牢籠這事他絕不吐口應許那一個老羞成怒就假公濟私把他參革拿問下○監因此一口暗氣而亡那姑娘旣痛他父親的含寃更痛那寃由自已而起這便是他誓死報仇的根子鄧九公聽了輪起大巴掌來把棹子拍得山响說道這事叫人怎生耐得只恨我鄧老九有了兩歲年紀家裡不放我走不然的時候我豁着這條老命走一盪到那裡怎的

三拳兩腳也把那廝結果了安老爺道不勞你老兄動這等大氣因又寫了一行指道這人現在已是這等光景了鄧九公道是呀前些日子我也糢糢糊糊聽見誰說過一句來着因是不干己事就不曾留心去問這也是朝廷無私天公有眼這等說起來這姑娘更不該去了褚大娘子笑道誰到底說他該去來着都不是你老人家甚麼英雄咧豪杰咧又是甚麼大丈夫烈烈轟轟作一場咧鬧出來的嗎鄧九公呵呵的笑道我的不是我就知道有這些灣子轉子嗎安老爺道這話倒不可竟怪我們這位老哥哥我若不來你大家從那裡知道起便是我雖知道若不知

道底裡方纔也不敢說那等的滿話至於我此番來還不
專在他救我的孩子的這樁事上因又寫了幾句道我們
兩家還多着這樣一層是如此如此便是這姑娘我從他
懷抱兒時候就見過算到如今恰恰的十七年不曾見着
自他父親死後更是不通音問這些年我隨處留心逢人
便問總不得個消息直到我這孩子到了淮安說起路上
的事來我越聽越是他如今果然不錯你看我若早幾日
到沒他母親這樁事便難說話再晚幾日見不着他這個
人就有話也無處可說如今不早不晚恰恰的在今日我
兩人相聚這豈是爲你我報德湊的機緣這直是上天監

察他那片孝心從前叫他自己遇那番分救你我兩家的因今日叫你我兩個結合救他一人的果分明是天理人情的一樁公案天視自我民視天聽自我民聽據此看去明日的事只怕竟有個八分成局哩褚一官道豈但八分十成都可保安老爺說這也難道明日只怕還得大大的費番唇舌我們如今私場演官場可就要串起這齣戲來了說着那位姨奶奶送過茶來大家喝着茶那姨奶奶便湊到褚大娘子耳邊喊喳了幾句褚大娘子笑着搖搖頭道咳不用吶鄧九公道你們鬼鬼祟祟又說些甚麼褚大娘子笑着說不用問了鄧九公這幾日是時刻惦着十三

妹生怕他那邊有個怎麽岔兒追着要問那姨奶奶忍不住自己說道今兒個他二叔合大爺他爺兒倆不都住下嗎我想着他倆都没個尿壺我把你老的那個刷出來了你老要起夜有我的馬桶呢你跟我一堆兒撒不好喂姑奶奶可只是笑大家聽了笑個不止安公子忍不住回過頭去把茶噴了一地鄧九公道狠好就是那麽着你只别來攪就悞人家聽書一時茶罷笑止鄧九公道如今這個人的來歷是徹底澄清的明白了只是老弟用何等妙計能叫他照方纔說的那樣遵教呢安老爺道從來只聞定計報仇不曾見個定計報恩然而這個人的性情非用條

妙計斷斷制他不住制他不住你我這報恩的心也無從盡起等我寫出一個略節來大家商議說着就提筆一條一條的寫了一大篇便望着鄧九公褚家夫妻道我們此去我不必講自然是從這還這張彈弓說起但是第一只愁他收了彈弓不肯出來見我便有話也沒處說了明日却請你爺兒三位借着事兒分起先去然後我再作這般個行逕而來到那裡九兄你却如此如此說我便如此如此說却勞動姑奶奶這般這般的暗中細度便不愁他不出來見我了及至我見着了他還愁交代彈弓之後我只管問長問短他却一副冰冷的面孔寡言寡笑我縱然有

話從那裡說起我便開口先問恁的一樁事不愁他不還出我個實在來我聽了便想作這般一個舉動他若推托却請九兄從旁如此如此的一團和我便得又進一步直入後堂了及至到了裡面我一面忝靈禮拜假如他還過禮依然孝子一般伏地不起難道我好上前拉他起來合我說話不成却得姑爺姑奶奶一位如此的一周旋一位再如彼的一指點九兄又從中作個代東陪客我就居然得高坐長談了坐下我開口第一句可便是這句話他絕不肯說到報仇原由一定的用淡話支吾他但一支吾我第二句便是這句話安老爺說到這裡褚一官道說是這

等說二叔你老也得您首來呀安老爺道不入虎穴焉得虎子不恁的一激怎生激得出他報仇的那句話來鄧九公道有理不錯的就是這等不妨便是我有甚話說有我從中和解呢安老爺道到那時節倒用不着和解你但如此如此作去他自然沒話可說但是這節關目老兄你可得作的像我再如此用話一敲打一定要叫他自己說出這句報仇的話來纔罷鄧九公道他始終不說也難安老爺道老兄你要知他是好勝不過的人怎肯被人瞥着短處有那等一句話在前頭便不容他不說了但是說雖說了總怎的問他那仇人的姓名可休想他說出來了問來

們去不許他說我便一口道破鄧九公拍手道好安老爺道九兄你先莫贊好着你須知他又是個機警不過的人這樁事合那仇人的姓名無一刻不横在他心頭卻又萬分的機密防着泄露忽然的被一個驀生人當面叫破他如何不疑難保不無一場大作果的如此此番卻得仗老兄你解和了鄧九公道便是這樣也不妨事他雖是難纏卻不蠻作你只看他作過的那幾樁事就是個樣子了老爺道只要成全了他就你我吃些虧也說不得等過了這關我卻把他那仇人的原委說來這卻得大費一番唇舌纔平得他那口盛氣等到把這事的原委說明這是有證

有據共聞共見的事情難道還怕他不信一定要去報仇不成鄧九公說是呀到了這個場中就算完了安老爺道完了未必呀只怕還有大未完在後頭呢老兄你切莫把他平日的那番俠烈認作他的得意他那條腸子是涼透了那片心是横絕了也只爲他父母這兩樁大事未完弄成這等一個游戲三昧的樣子如今不幸母親已是死了再聽得父仇不消報了可防他激作他變這倒是一樁要緊的關頭諸大娘子須不妨那等我勸他老爺道這豈是說得轉的你爺兒三個只要保護得他那一時的平地風波此後的事都是我的責成只消我如此如此恁般恁般

一片說詞管取他一片雄心俠氣立地化成宛轉柔腸好叫他向那快活場中安身立命也鄧九公聽完不住點頭咂嘴撫掌撚鬚說道老弟呀愚兄闖了一輩子没服過人今日遇見老弟你了我算孫大聖見了唐長老了你們僉書的心裡眞有點子道道子說着把那字紙撕成條兒交與褚一官拿去燒了以防泄露安公子也便站起身來外面去坐只有褚大娘子只管在那裡坐着默默出神安老爺道姑奶奶怎的没話難道你捨不得你那世妹還鄉不成褚大娘子道他這樣的還鄉不強似他鄉流落豈有不願之理只是我方纔逼前徹後一想這件事二叔你老人

家料估得防範得計算得都不差便是有想不到的想過去的去處有這大譜兒在這裡臨時都容易做只是你若人家方纔說的給我那十三妹妹子安身立命這句話究竟打算怎的給他安身怎的給他立命何不索興說來我們聽聽也得放心安老爺道這不過等完事之後給他說個門戶相對的婆家選個才貌相當的女婿便是他的安身立命了姑奶奶你還要怎樣褚大娘子道我却有個見識在此因望着他父親合安老爺悄悄兒的道我想莫如把他如此這般的一辦豈不更完成一段美事鄧九公說好哇好哇我怎的就沒想到這裡老弟不必猶疑就是這

隨定了這事咱們也在明日定規從明日起掃地出門愚兄一人包辦了安老爺連忙站起身形向褚大娘子道賢姪女我的心事被你一口道着了但是這樁事大不容易因又向鄧九公道老哥哥你明日切切不可提起儻提着一字管取你我今日這片心神都成畫餅所謂匪細且作緩商這正是鬆頓金籠關玉鳳安排寶缽咒神龍要知安老爺鄧九公次日怎的去見那十三妹下回再交代

兒女英雄傳評話第廿六回終

兒女英雄傳評話第十七回

隱名姓巧扮作西賓　借雕弓設局賺俠女

這回書緊接上回表的是安老爺同公子到了褚家莊曾着鄧九公合褚家夫妻說起那十三妹姑娘葬母之後要單人獨騎遠去報仇他安鄧兩家都受過十三妹從前相救之恩正想報答深慮那姑娘此去輕身犯難難免有些差池想要留住他這番遠行又料着那位姑娘俠腸烈性定是百折不回斷非三言兩語留得住他因此大家商酌的定了一條連環妙計當下計議得妥當安老爺同公子便在褚家住下褚家夫婦把正房東院小小的幾間房子

收拾出來請老爺公子住歇這房子是個獨門獨院原是褚一官設榻留賓之所這晚褚一官便在外相陪一宿無話安老爺心中有事天還沒亮一覺醒來枕上早聽得遠寺鐘敲沿村雞唱林鴉簷雀格磔弄晴便聽得鄧九公在那裡催着那些莊客長工們起來打水熬粥放牛羊喂牲口打掃莊院接着就聽得掃葉聲叱犢聲桔槹聲此唱彼和大有那古桃源的風景老爺公子也就起來盥漱鄧九公便過來陪坐安老爺也道了昨日的奉擾鄧九公道老弟咱們也不用喝那早粥了你姪女兒那裡給你包的煮餃子也得了咱們就趁早兒吃飯褚一官早張羅着送出

飯來又有老爺公子要的小米麪窩窩頭黃米麪烙糕子大家飽飧一頓吃過了飯那太陽不過纔上樹稍早見隨緣兒摻着衣裳提着馬鞭子興匆匆的跑進來老爺問道路上沒甚麼人兒你又跑在頭裡來作甚麼你來的時候太太動身沒有隨緣兒回道奴才太太同大奶奶已經到門了昨夜店裡纔交四更裡頭就催預備車還是親家老爺攔說早呢等到雞叫頭遍就動身來了公子聽說連忙接了出去老爺也陪鄧九公迎到莊門褚大娘子同那位姨奶奶帶了許多婆兒丫頭也迎到前廳院子大家遠遠的望見張姑娘都覺詫異只道十三妹姑娘怎生倒會了

安太太同來了呢及至細看纔看出他合十三妹面目雖然相仿精神迥不相同一時大家相見老爺迎着太太一面走着一面便問了一句道我昨日叫華忠要的東西還上了不曾太太道得了帶了來了老爺又道太太想着可該如此太太道實在該的只是那裡報的過人家來咧老爺道正是了我們得盡一番心且盡一番心鄧九公聽了這話摸不着頭腦但是人家兩口兒敘家常可怎好插嘴去問呢只得心中悶悶的猜度說話間大家一路穿過前廳到了正房這其間鄧九公見了安太太合張姑娘自然該有一番應酬安太太張姑娘見了褚大娘子也自然

該有一番親熱那位姨奶奶從中自然還該有些話白兒褚一官前妻生的那個孩子自然也該略畧點綴隨緣兒媳婦也該拜見拜見續姑婆他家那些村婆兒從不曾見過安太太這等雁粧打扮更該有一番指點窺探無如此時安老爺是忙着要講十三妹安太太張姑娘是忙着要問十三妹聽着的是忙着要聽十三妹說着的只得一張口說不及八面的話只得明修棧道暗渡陳倉一筆勾消作一個有話即長無話即短那安太太合張姑娘本是打了坐尖來的褚大娘子却又豐豐盛盛備了一棹飯太太不好却他美意只得又隨意吃些他又叫人在外面給那

些車馬跟人煮的白肉下得新麵過水合漏裡裡外外上上下下轟轟亂亂匆匆忙忙的吃了一頓飯把個褚大娘子忙了個手脚不閑須臾飯罷安老爺又囑咐太太合媳婦們在莊上相候等自己見過十三妹再叫人來送信便同鄧九公褚家夫妻分了前後起身迤邐往青雲山而來

話分兩頭如今書中單表十三妹自從他母親故後算來已是第五日只剩明日一天後日葬了母親就要遠行去幹那椿報仇的大事這日清早起來便把那點薄薄家私歸了三個箱子一切陳設器具鋪墊以至零星東西都裝在櫃子裡把些粗重傢伙並罈子裡的鹹菜甕裡的米糧

的雞鴨還有積下的幾十串錢都散給看門的莊客長工合近村平日服侍他母親的那些婦女又把自已的隨身行李放在手下一切了當覺得這事作得來海枯石爛雲淨天空何等乾淨解脫胸中十分的痛快纔得坐定早見鄧九公走進門來他起身迎着笑道你老人家不說今日要歇半天兒嗎怎的倒這麼早就來了鄧九公道我何嘗是要歇着只因惦記着那繩槓怕他們弄的不妥當咱們這裡雖說不短人抬都是些劣把這是你老太太黃金入櫃萬年的大事要有一點兒不保重姑娘我可就對不起你了所以我要趁今早在莊上看着打點好了誰知昨日

叫去見他們已經弄妥當了我想只有今日一天明日是
個伴宿這些遠村近鄰的必都來上上祭怕沒工夫繩槓
既弄妥當了莫若趁今日偺們把他作好了也省得臨時
現忙你想是這麼着不是十三妹道這全仗你老人家我
再無可說的了正說着只見褚大娘子也來了跟着兩個
老婆子兩個笨漢一個背着個鋪蓋捲兒一個抱着個大
包袱姑娘望着他道這作甚麼呀我這裡的東西還嫌歸
着不清楚呢你又扛了這麼些東西來了褚大娘子道我
想明日來的人必多你得在靈前還禮分不開身張羅張
羅人哪歸着歸着屋子啊那不得人呢再就剩這兩天了

知道你此去咱們是一個月兩個月纔見我也合你親熱親熱所以我帶了鋪蓋來打算住下省得一天一盪的跑姑娘道難爲你這等想得到只是歸着屋子可算你悮了不信你看我一個人兒一早的工夫都歸着完了褚大娘子一看果見滿屋裡都歸着了個淸淨箱子櫃子都上了鎖只有炕上幾件鋪蓋合隨手應用的傢伙不會動用問道你這可忙甚麼呢你走後交給我給你歸着還不放心哪姑娘道不是不放心因指着那箱子道這裡頭還剩我母親合我的幾件衣裳母親的我也不忍穿我那顏色衣服又暫且穿不着放着白糟塌了你都拿去你留下幾件

其餘的送你們姨奶奶剩下破的爛的都分散給你家那些媽媽子們零零星星的東西都在這兩頂櫃子裡你也叫人搬了去不要緊的傢伙我都給了這裡照應服侍的人了也算他們伺候我再親一場鄧九公聽見道姑娘你幾天兒就回來這些東西難道回來就都用不着了叫個人在這裡看着就得了何必這等十三妹道不然一則這裡頭有我的鞋脚不好交在他們手裡再說回來難道我一個人兒還在這山裡住不成自然是跟了你老人家去那時我短甚麼要甚麼還怕你老人家不給我弄麽鄧九公這就是這樣你也得帶些隨身行李呀十三妹指着

炕裡邊的東西說道你老人家看那一條馬褥子一個小包袱捲兒裡頭還包着二三十兩碎銀子再就是那把刀那頭驢兒便是我的行李了還要甚麼鄧九公看他作的這等斬鋼截鐵心裡想到昨日安老爺的話真是大行見識暗暗的佩服還要說話褚大娘子生怕他父親一嘵嘮叨露了馬腳便攔他道你老人家不用合他說了他說怎麼好就怎麼好罷我算纏不清我們這位小姑太太就完了十三妹聽了這纔歡歡喜喜的把鑰匙交給褚大娘子收了說話間聽得門外一陣喧嘩原來是褚一官押了綑槓來了只見他進門就叫道老爺子都來了擱在那裡呀

鄧九公道你把那大槓順在外頭肩槓繩子墊子都堆在這院子裡你歇會子咱們就作起來褚一官道還歇甚麽大短的天歸着歸着咱們就動手啊說着出去便帶着人把那些東西都搬進來早有在那裡幫忙的村婆兒們沏了一大壺茶擱在那裡從來武不善作鄧九公合褚·官便都摘了帽子脫了大衣盤上辮子又在短衣上撒緊了腰叫了四個人進來捆那繩槓褚一官料理前頭鄧九公照應後面那四個長工裡頭有一個原是抬槓的團頭出身只因有一膀好力氣認識鄧九公便投在他莊上只聽他說怎樣的安耐磨兒打底盤兒拴腰攔兒撕象鼻子坐

卧牛子一口的抬槓行話他翁婿兩個也幫着動手十三妹只合褚大娘子站在一邊閒話看着那口靈略無一分悲戚留戀的光景郤說鄧九公褚一官正在那裡帶了四個工人盤繩的盤繩穿槓的穿槓忙成一處只見一個莊客進來望着褚一官說道少當家的外頭有人找你老說話他爺兒三個早明白是安老爺到了只見褚一官一手揪着把繩一腳蹬着槓抬頭合那莊客道有人找我說話你沒看見我手裡作着活呢嗎有甚麼話你叫他進來說不結了莊客道不是這村兒的人哪褚一官道你瞧這個死心眼兒的還他是那村兒便是偺們東西兩莊的人誰

又沒到過這院子裡呢那莊客搖頭道咻也不是偺莊兒上的呀是個遠路來的褚一官道遠路來的誰呀莊客道不認識他麼我問他貴姓他說你老見了自然知道他還問偺老爺子來着呢褚一官故意歪着頭縐着眉想道這是誰呢他怎麼又曾找到這個地方兒來呢那莊客道誰知道哇褚一官低了低頭又問道你看着是怎麼個人兒呀那莊客道我看着只怕也是偺們同行的爺們我見他也背着像老爺子使的那麼個彈弓子麼褚一官又故作猜疑道你站住同行裡沒這麼一個使彈弓子的呀說着隔着那座靈位便叫了鄧九公聲如今書裡且按下褚一

官這邊再講那鄧九公却說他站在那棺材的後頭看過
兩個長工作活越是褚一官這裡合人說話他那裡越吵
吵得緊一會兒又是這股繩打鬆了一會兒又是那個扣
兒繞背弓了自已上去攥着根繩子綰那扣兒用手撚了
又撚用脚踹了又踹口裡還說道難為你還冲行家呢到
地兒劣把頭麽褚一官只管合莊客說了那半日話他總
算沒聽見直等褚一官叫了他一聲他纔抬起頭來問作
嗎呀褚一官道你老人家知道咱們道親裡頭有位使彈
弓子的嗎他揚着頭想了一想說有哇走西口外的在教
的馬三爸他使彈弓子你這會子想起甚麼來了問這話

褚一官道你老人家纔没聽見説賜鄧九公道我只顧作
活誰聽見你們説的是甚麽褚一官便故意把那莊客的
話又向他説了一遍他道不就是馬三爸來了因問那莊
客道這個人有多大年紀見了莊客道看着中個五十歲
光景鄧九公道那就不對了馬三爸比我小一輪牛的
今年七十一再説他也歇馬兩三年了這一向總没見他
稍個書子來這人還不知是有哇是没了呢説着又合那
工人嚷道你那套兒打那麽緊问來怎麽穿肩楷啊更不
再合褚一官答話書中却再按下鄧九公這邊單表那十
三妹只見他歇歇的聽了半日眼睛一轉像是打動了件

甚麼心事列公從來俗語說的再不錯道是無心人說話只怕有心人來聽何況是兩個有心的裝作個無心的彼此一答一合說話旁邊聽話的又本是個有心人從無心中聽得心裡的一句話還他怎的聰明有個不落圈套的麼所以姑娘起先聽着鄧九公褚一官合那莊客三人說話還不在意不過睜着兩隻小眼睛兒不瞪兒不瞪兒的在一旁聽熱鬧兒及至褚一官問出那句背着張彈弓的話鄧九公又問出一句那背彈弓的人約莫五十歲光景的話正碰在心坎兒上因向鄧九公道師傅你老聽這豈不是那個話來了嗎鄧九公又糙了個愣說那話呀姑娘

道瞧瞧你老人家可了不得了可是有點子眞悖晦了我前日交給你老人家那塊硯台的時候怎麼說的鄧九公道是啊要果然是這樁事可就算來的巧極了一則那東西是你一件家傳至寶我呢如今又不出馬了你走後我留他也是無用倒是你此番遠行帶去是件擋餓的傢伙就只是這塊硯台偏偏的我前日又滯回二十八棵紅柳樹西莊兒上收起來了如今人家交偺們的東西來人家的東西偺們倒一時交不出去怎麼樣呢褚大娘子一旁說道那也不值甚麼叫他姐夫出去見見那個人叫他把彈弓子留下讓他到偺們東莊兒住兩天等你老人家完

了事再同了他到西莊兒取那塊硯台給他又有甚麼使不得的十三妹先說有理鄧九公也合褚一官道也只好這樣姑爺你就去見見他留下那弓我不耐煩出去了褚一官便丟下這裡的事忙着穿衣服戴帽子姑娘笑道一哥你不用儘着打扮了你只管見去罷管你一見就認得還是你們個親戚兒呢你收了那弓可不必讓他進來褚一官道我的親戚兒我從那裡來這麼一門子親戚兒呀說着穿戴好了便出去見那人去了且住這姑娘的這話又從何而來呢當日他同安公子張金鳳柳林祈別的時候原說定安公子到了淮安等他奶公華忠到後打發華

忠來送這彈弓找着褚一官轉尋鄧九公取那硯合這姑娘又素知華忠合褚一官的前妻是嫡親兄妹如今聽說得這送彈弓的正是個半百老頭兒可不是華奶公是兀誰因此鬧了這麼一句俏皮話兒自已想着這是只有我一個人心裡明白你們大家都在悶葫子裡衚衕兒呢誰想褚一官出去沒半盞茶時依然空手回來一進屋門先擺手道不行不行不但我不認得他這個人來得有點子酸溜溜還外帶着挺累贅我問了問他他說姓尹從淮安來那弓合硯台倒說得對及至我叫他先留下那弓他就鬧了一大篇子文縐縐說要見你老人家我說你老人家手底下

有事不得工夫他說那怕他就在樹陰兒底下侯一候兒都使得一定求見姑娘一聽竟不是華奶公便向鄧九公道不然你老人家就見見他去只聽鄧九公合褚一官道你不要把他擱在門兒外頭把他約在這前廳裡你且陪他坐着等我作完了這點活出去褚一官去後不一時這裡的積也弄得停妥鄧九公纔慢慢的擦臉理順鬍子穿衣戴帽這個當兒褚大娘子問姑娘道你方纔說這人怎的是我們的親戚姑娘道既然不是何必提他褚大娘子道等回來老爺子出去見他偺們倒偷着瞧瞧倒底是個甚麼人兒姑娘也無不可列公這書要照這等說起來豈

不是由着說書的一張口奏着上回的連環計的話說有個不針鋒相對的麽便是這十三妹難道是個傀儡人兒也由着說書的一雙手愛怎樣耍就怎樣耍不成這却不然這裡頭有個理列公試想這十三妹本是個好動喜事的人這其中又關着他自己一件家傳的至寶心愛的兵器再也要聽聽那人交代這件東西安公子是怎樣一番話便褚大娘子不說這話他也要去聽聽何況又從旁言等一挑逗有個不欣然樂從的理麽閑話休提却說鄧九公收拾完了出去十三妹便也合褚大娘子躡足潛踪的走到那前廳牕後竊聽又用簪子扎了兩個小窟窿望外

看着只見那人是個端正清奇不胖不瘦的容長臉兒一口微帶着白踈踈落落的鬍鬚身穿一副行裝頭上戴個金頂兒根子上放着一個藍瑲帽罩子身上背的正是他那張硏硏金鑲銀銅胎鐵背打二百步開外的彈弓坐在那南炕的上首心裡先說道這人生得這樣清奇厚重斷不是個下人正想着便見褚一官指着鄧九公合那人說道這就是我們舍親鄧九太爺只見那人站起身來控背一躬說小弟這廂有禮鄧九公也頂禮相還大家歸坐長工送上茶來只聽鄧九公道足下尊姓是尹不敢動問大名仙鄉那裡既承光降怎的不到舍下却一直尋到這裡又

怎的知道我老拙在此便見那人笑容可掬的答道小弟姓尹名字叫作其明北京大興人氏合一位在旗的安學海安二老爺是個至交朋友因他分發南河便同到淮安幫他辦辦筆墨說到這裡鄧九公稱了一句說原來是尹先生那人謙道不敢便說如今承我老東人合少東人安驥的托付托我把這彈弓送到九公你的寶莊先找着這位褚一爺然後煩他引進見了尊駕交還這張彈弓還取一塊硯台並要向尊駕打探一位十三妹姑娘的住處托我前去拜訪不想我到了二十八棵紅柳樹寶莊上一問說這褚一爺搬到東莊兒上去了連九公你也不在莊上

說不定那日回來及至跟尋到東莊褚一爺又不在家問他家莊客又說有事去了不得知到那裡去早晚一定回來因是家下無人不好留客我就坐在對門一個野茶館兒裡等候只見道旁有兩個放羊的孩子因爲踢毽一個輸了錢一個不給錢兩個打了個熱鬧喧鬧我左右閑着無事把他兩個勸開又給他幾文錢就合他閒話問起這羊是誰家的他便指着那莊門說就是這褚家莊的我因問起褚一爺那裡去了他道跟了西莊兒的鄧老爺子進山到石家去了我一想豈不是你二位都有下落況又同在一處我便向那放羊的孩子說你兩個誰帶我到山裡

我他去我再給你幾文錢他道怕丢了差回去換打便將
這山裡的方向村莊路逕門戶都告訴明白我我就依他
說的穿過兩個村子尋着山口上來果然這山崗上有個
小村村裡果然有這等一個黑漆門到門一問果是石家
果然你二位都在此眞是天緣幸會就請收明這張彈弓
把那塊硯台交付小弟更求將那位十三妹姑娘的住處
說明我還要趕路鄧九公道原來先生已經到了我兩家
今下着實的失迎這彈弓台硯台的話說來都對只是那
塊硯台却一時不在手下在我舍間收着今日你我見着
了只管彈弓先留下這兩天我老拙忙些個不得回家便

請足下在東莊住兩天等我的事一完就同你到二十八棵紅椰樹取那塊硯台當面交付尚無一失那位姑娘的住處你不必打聽也不必去找便找到那裡他也等閒不見外人有甚麼話告訴我一樣只見那尹先生聽了這話沉了一沉說這話却不敢奉命我老少東人交小我這件東西的時候原說憑弓取硯憑硯付弓如今硯台不會到手這弓怎好交代鄧九公哈哈的笑道先生你我雖是初交你外面詢一詢鄧某也頗頗的有些微名況我這樣年紀難道還賺你這張彈弓不成那先生道非此之謂也這張彈弓我東人常向我說起就是方纔提的這位十三妹

姑娘的東西這姑娘是一個大孝大義至仁至勇的豪杰曾用這張彈弓救過他全家性命因此他家把這位姑娘設了一個長生祿位牌兒朝夕禮拜香花供養這張彈弓便供在那牌位的前面是這等的珍重因看得我是泰山一般的朋友纔肯把這東西托付於我士爲知已者用我就不能不多加一倍小心再說我同我這東人一路北來由大道分手的時節約定他今日護着家眷投在平悅來老店住下等我我由桐口岔路到此完了這樁事體今晚還要趕到店中相見不爭我在此住上兩天累他花費些店用車脚還是小事可不使他父子懸望覺得我作事荒

唐如今既是那硯台不在手下我倒有個道理小弟此來只愁見不着二位既見着了何愁這兩件東西交代不清我如今暫且告辭趕回店中說明原故我們索性在悅來店住下等上兩天等九太爺你的公忙完了我在到二十八棵紅柳樹寶莊相見將這兩件東西當面交代明白這叫作一手托兩家就遲不就錯至於那十三妹姑娘的住處到底還求見教說罷拿起那帽罩子來就有個匆匆要走的樣子姑娘在牕外看見急了你道他急着何來書裡交代過的這張弓原是他刻不可離的一件東西止因他母親已故急於要去遠報父仇正等這張弓應用却不知

安公子何日纔得着人送還不能久候所以纔留給鄧九公如今恰恰的不曾動身這個東西送上門來楚弓楚得豈有再容他已來復去的理因此聽了那尹先生的話生怕鄧九公留他不住便隔牕說道九師傅莫放那先生走待我自已出來見他不想這第一寶就被那位假尹先生壓着了鄧九公正在那裡說且住我們再作商量聽得姑娘要自已出來便說這更好了人家本主兒出來了說着十三妹早已進了前廳後門那尹先生站起來故作驚訝問道此位何人一面留神上下把姑娘一打量只見雖然出落得花容月貌好一似野鶴閒雲那小時節的面龐兒

還彷彿認得出來一眼就早看見了他左右鬢角邊兒正的那兩點硃砂痣鄧九公指了姑娘道這便是先生你方纔問的那位十三妹姑娘那先生又故作驚喜道原來這就是十三妹姑娘我尹其明今日無意中見着這位脂粉英雄巾幗豪杰真是人生快事只是怎的這樣湊巧這位姑娘也在此褚一官笑道怎麼也在此呢這就是人家的家麼假尹先生又故作省悟道原來這就是姑娘府上我只聽那放羊的孩子說甚麼石家石家我只道是一個姓石的人家既是見着姑娘這事有了着落不須忙着走了說罷便向姑娘挑手鞠躬行了個半禮姑娘也連忙把身

一閃萬福相還那尹先生道我東人安家父子曾說果得見着姑娘囑我先替他多多拜上說他現因護着家眷不得分身容他送了家眷到京還要親來拜謝他又道姑娘是位施恩不望報的英雄況又是輕年閨秀定不肯受禮說有位尊堂老太太囑我務求一見替他下個全禮便同拜謝姑娘一般老太太一定在內堂望姑娘叫人通報一聲容我尹其明代東叩謝姑娘聽了這話答道先生你問家毋麽不幸去世了尹先生聽了先跌一跌脚說道怎生老太太竟倘遊了咳可惜我東人父子一片誠心不知要怎生般把你家這位老太太安榮尊養略盡他答報的心

如今他老人家到先辭世姑娘你這番救命恩情叫他何處答報不信我尹其明連一拜之緣也不曾修得也罷請問尊堂葬在那裡待我墳前一拜也不枉走這一盪姑娘纔要答言鄧九公接口道沒下葬呢就在後堂停着呢尹先生道如此就待我拿了這張彈弓靈前拜祝一番也好回我東人的話說着往裡就走姑娘忙攔道先生素昧平生寒門不敢當此大禮說完了搭撒着兩個眼皮兒那小臉兒繃的比貼緊了的笛膜兒繃的還緊鄧九公把鬍子一綽說姑娘這話可不是這麼說了俗語怎麼說的有錢難買靈前弔這可不當作兒女的推辭再說這尹先生他

殁人之託必當終人之事也得讓他交得過排場去說着便叫褚一官道來你先去把香燭點起來姑娘也請進去候着還禮等裡頭齊備了我再陪進去姑娘一想彈弓是來了就讓他進去靈前一拜何妨應了一聲回身進去褚一官也忙忙的去預備香燭這個當兒鄧九公暗暗的用那大巴掌把安老爺肩上拍了一把又攏着四指把個老壯的大拇指頭伸得直挺挺的滿臉是笑却口無一言外說你真是個好的都被你料估着了不一時褚一官出來相請那位假尹先生真安老爺同了鄧九公進去只見一裡面是小小的三間兩捲房子前一捲三間通連左右兩

鋪靠總南炕後一捲一明兩暗前後捲的堂屋却又通連
那口靈就供在堂屋正中姑娘跪在靈右候着還禮早見
那褚大娘子站在他身後照料安老爺走到靈前褚一官
送上檀香盒老爺恭恭敬敬的拈了三撮香然後褪下那
張彈弓雙手捧着含了兩胞眼淚對靈祝告道阿老老太
太我阿唏唏唏唏唏尹其明姑娘看了心裡早有些不耐
煩起來心裡說道這先生一定有些甚麼症候他這滿口
裡不倫不類祝贊的是些甚麼他又從那裡來的這副急
淚好不着要可憐姑娘那裡知安老爺此刻心裡的苦楚
大凡人生在世挺着一條身子合世界上恒河沙數的人

打交道那怕忠孝節義都有假的獨有自已合自已打起交道來這喜怒哀樂四個字是個貨真價實的生意斷假不來這四個字合而未發便是天性發皆中節便是人情世上沒不循天性人情的喜怒哀樂喜怒哀樂離了天性人情那位朋友可就離人遠了這顆豆兒自從被朱考亭先生咬破了之後人斷逃不出這兩句話去安老爺是個天性人情裡的人此時見了十三妹他家老太太這個靈位先想起合他祖父的累代交情又感動他搭救公子的一段恩義更看着他一個女孩兒家一身落魄四海無家不覺動了眞的了所以未從開口先說了一個阿字的發

語詞緊接一個老字意思要叫老弟婦及至那老字出了口一想使不得無論此時我暫作尹其明不好稱他老弟婦就便我依然作安學海這等沒頭沒腦的稱他聲老弟婦這姑娘也斷不知因由就連忙改口稱了聲老太太緊接着自己稱名禀告意思就要說我安學海一想更使不得這一個真名道出來今日的事竟法全亂了幸而那安字同阿字是一個字母就跟着字母納音轉韻轉作個阿字接了個唏唏唏唏作了個唏嘘悲切之聲連忙改說我尹其明受了我老少東人的托付來尋訪令愛姑娘拜謝老太太送這張雕弓取那塊端硯我東人曾說儻得見

面命我稱着他父子安學海安驥的名字替他竭誠拜謝還有許多肺腑之談不想老太太你先騎鶴西歸叫我向誰說起所喜你的音塵雖遠神靈尚在待我默祝一遍望察微衷老太太你可受我一拜祝罷把那張彈弓供在桌兒上退下來肅整威儀拜了三拜淚如泉湧姑娘還着禮暗道他可叨叨完了彈弓兒是留下了這大槩就沒甚麼累贅了我索性等他出去我再起來誰想這個當兒偏偏的走過一個禮儀透熟的禮生來便是褚大娘子把他攙了一把說姑娘起來朝上謝客不由分說攙到當地又拉了一個坐褥鋪在地下說尹先生我們姑娘在這裡叩謝

了姑娘只得向上磕下頭去那先生連忙把身子一背避而不受也不答拜你道這是爲何原來這是因爲他是替死着磕頭不但不敢答並且不敢受是個極有講究的古禮姑娘磕頭起來正等着送客這個當兒可巧又走過一個積伶不過的茶司務來便是褚一官手裡拿着一個盤兒托着三盌茶說尹先生我們姑娘是孝家不親遞茶了他便把尹先生的一盌安在西間南炕炕桌上首下首又給鄧九公安了一盌還剩一盌說姑娘這裡陪便放在靠北壁子地桌下首姑娘此時無論怎樣斷不好說你們外頭喝茶去罷怎當那鄧九公又點在那邊讓先生上坐只

見那先生並不謙讓轉過去坐定開口便問道這位老太太想是早過終七了鄧九公道那裡等我算算說着屈着指頭道五兒六兒七兒八兒九兒今日纔第五天明日伴宿後日就抬埋入土了姑娘正嫌鄧九公何必合他絮煩這些話只見那先生望着姑娘把眼神兒一足說難道今日是第五天我聞古禮殯而成服既葬而除如今纔得五天既不是除服日期況且大殮已經五天又斷不至於作不成一領孝服這姑娘怎的不穿孝罷了姑娘心裡眞沒防他問到這句又不肯說我因爲忙着要去報仇不及穿孝尤其不好說你管我呢只管支吾道此地風俗向來如

山那先生說道哳豈有此理雖說百里不同風千里不同
俗冠婚喪祭各省不得一樣這兒女爲父母成服自天子
以至庶人無貴賤一也怎講到此地向來如此起來姑娘
道此地既然如此我也只得是隨鄉兒入鄉兒了那先生
道呀呸吏豈有此理縱說這窮山僻壤不知禮教有了姑
娘你這等一個人在此正該作個榜樣化民成俗怎生倒
講起這隨鄉入鄉的話來這等看來聞名不如見面這句
話古人眞不我欺據我那小東人說得來十三妹姑娘怎
的個孝義怎的個英雄我那老東人以耳爲目便輕信了
這話而今如此據我尹其明看了也只不過是個尋常女

子只是我尹其明一身傲骨四海交游何嘗輕易禮下於人今日倒累我拜了又拜拜了又拜小東人你好沒胸襟沒眼力累我枉走這一盪咦我尹其明此番來得着矣列公你看十三妹那等俠氣雄心兼人好勝的一個人如何肯認尋常女子這個名目無如報仇這樁事自已打着要萬分慎密不穿孝這樁事自已也知是一時權宜其實為去報仇所以纔不穿孝兩樁事仍是一樁事只因說不出口轉覺對不住人却又一片深心打了個呼牛亦可呼馬亦可的主意任是誰說甚麽我只拿定主意幹我的大事去不想這位尹先生是話不說單單的輕描淡寫的給加

上了爲常女子這等四個大字可斷忍耐不住了只見他一手扶了棹了把胸脯兒一挺纔待說話不防這邊睡的一聲把棹子一拍鄧九公先番了說喂尹先生你這人好沒趣呀拿了一張彈弓子我說留下你又不留你這要走你又不走到像誰要拐你的似的及至人家本主兒出來了你交了你的彈弓子就完了事了又替你求人恭的是甚麼靈是我多了句嘴讓你進來人家謝客還恭讓坐是八家孝家的禮數你是會的就該避出去不出去坐下也罷了人家穿孝不穿孝可與你甚麼相干用你冬瓜茄子陳穀子爛芝麻的鬧這些累贅呀那尹先生道我講的是

禮禮設天下大坊於禮不合天下人都講得難道我到了你們這不講禮的地方也隨鄉入鄉跟你們不講禮起來不成一句話鄧九公索興站起來了說咄姓尹的你莫要撒野呀不是我作老的口剗你也是吃人的稀的拿人的乾的不過一個坐着的奴才罷咧你可切莫拿出你那外府州縣衙門裡的吹六房詐三班的款兒來好便好不然吽你先吃我一頓精拳頭去那先生聽了安然坐在那裡不動只見他揚着個臉兒望了鄧九公道我尹其明一介儒生手無縛雞之力也不敢妄稱作英雄豪杰却也頗頗見過幾個英雄豪杰今日因這樁事道句話領你這頓拳

頭倒也見得過[illegible]下的英雄豪杰說着把脖頸兒一低膀根兒一鬆說領[illegible]娘在旁一看說這是塊磨不可合他蠻作因攔鄧九公[illegible]師傅不必如此他是客你我是主便打他兩拳也不值[illegible]況他以禮而來尤其不可使他藉口他既滿口的講禮[illegible]我便合他講禮等他講不過禮去再給他個利害不遲[illegible]公道姑娘你不見是我讓進他來的嗎他這裡叫我[illegible]呢麼一面說着一面依舊坐下帽子也摘了拿一隻大[illegible]的袖子搧着就氣得他喲咈咻咈咻的眞作了個手眼身法[illegible]一絲不漏姑娘物住了鄧九公也就歸坐先看了那先生一眼只見他手撚着幾

根小鬍子兒微微而笑姑娘納着氣從容問道尹先生我先請教你從那處見得我是個尋常女子那先生道尋常者對英雄豪杰而言也英雄豪杰本於忠孝節義母死不知成服其爲孝也安在這便叫做尋常女子姑娘聽了這話口裡欲待不合他辯爭奈心裡那點兼人好勝的性兒不准不合他辯便又問道我再請教這盡孝的上頭父親母親那一邊兒重尹先生沉吟一會道父兮生我母兮鞠我其重一也這話却又有兩講姑娘道怎的個兩講呢尹先生說你們女子有同母親共得的事同父親共不得有合母親說得的話合父親說不得這叫作父道尊母道親

看得親自然看得重據此一說未免覺得母親重姑娘道那一說呢尹先生道一個人有生母便許有繼母有嫡母便許有庶母推而至於養母慈母事非常有只這生繼嫡庶皆母也所謂坤道也地道也講到父親天道也乾道也乾道大生坤道廣生看得大更該看得重據此一說自然應是父親更重姑娘道你原來也知道父親更重我還要請教這盡孝的事情上頭爲親穿孝爲親報仇那一樁要緊尹先生連忙答道這何消問得自然是報仇要緊拿爲親穿孝論假如遇着軍事正在軍興旁午也只得墨經從戎回籍成服假如身在官場有個丁憂在先聞訃在後也

只得聞訃成服便是為人子女不幸遇着大故立刻穿上一身孝難道釋服後便算完了事了不成你只看那大舜的大孝終身慕父母以至里名勝母曾子不入邑號朝歌墨子回車便不穿那身孝他心裡又何嘗一時一刻忘了那個孝字所以叫作喪服外除外除者明乎其終身未嘗內除也這是椿終身無窮無盡有工夫作的事至於為親報仇所謂父仇不共戴天豈容片刻隱忍但得個機會正用着那守如處女出如脫兔的兩句話要作得迅雷不及掩耳其間間不容髮否則機會一失此生還怎生補行得來豈不是終天大恨何況這報仇正是盡孝自然報仇更

加要緊姑娘道原來你也知道報仇更加要緊這等說起來我還不至於落到個尋常女子尹先生道這話我就不解了難道姑娘這等一個孝義女子還有人合姑娘結仇不成姑娘這個當兒一肚子的話是倒出來了尋常女子四個字是擺脫開了理是抓住了濕他絮絮的問只破着個小題幫子兒一聲兒不哼問來問去把個鄧九公問煩了說道我真沒這麼大工夫合你說話不說罷我又憋的慌人家這位姑娘有殺父大仇只因老母在堂不曾報得如今不幸他老太太去世了故此他顧不得穿孝守靈到了首七葬母之後就要去報仇這話你明白了尹先生道

哦原來如此這段隱情我尹其明那裡曉得只是我還要請教姑娘這等一身本領這仇人是個何等樣人姓甚名誰有多大膽敢來合姑娘作對鄧九公道這個我不知道尹先生道老翁我方纔見你二位的稱呼有個師生之誼豈有不知之理鄧九公道我不能像你相干的也問不相干的也問問得的也問問不得的也問人家報仇與我無干我沒問我不知道尹先生道報仇的這樁事是樁光明磊落見得天地鬼神的事何須這等狗盜雞鳴遮遮掩掩況且英雄作事要取那人的性命正要叫那人知些風聲任他怎的個心機手段我定要手到功成這仇纔報得痛

快這位鄧老翁大約是年紀來了暮氣至矣也未必領畧到此姑娘你何不把這仇人的姓名說與尹其明聽聽大家痛快痛快正經姑娘此時依然給他個老不開口那位尹先生也就入不進話去了無奈聽着他這幾句話來得高超且暗暗有個菲薄自已的意思又動了個不服氣便冷笑了一聲道我的仇人與你何干要你痛快我便說了他的姓名你聽了也不過把舌頭伸上一伸頸兒縮上一縮又知道他何用那尹先生搖着頭道姑娘你也莫過逾小看了我尹其明我雖不拈長鎗大戟不知走壁飛簷也頗頗有些肝膽或者聽了你那仇人名姓不到得伸舌縮

頭轉給你出一臂之力展半籌之謀也不見得姑娘道惹厭那尹先生聽到惹厭兩個字他轉呵呵大笑說姑娘你既苦苦不肯說倒等我再其明察與惹你一場大厭替你說出那仇人的姓名來你可切莫着惱姑娘聽他說的這等離離奇奇閃閃爍爍倒不免有些疑忌起來道你說那尹先生豎兩個指頭說道你那仇人正是現在經略七省掛九頭鐵獅子印秃頭無字大將軍紀獻唐你道我說的錯也不錯他說完這句定睛看着那十三妹姑娘要看他怎生個動作只見那十三妹不聽這話猶可聽了這話顋頰邊起兩朵紅雲眉宇間橫一團青氣一步跨上炕去拿

起那把雁翎寶刀拔將出來翻身跳在當地一聲斷喝說道咄你那八聽者我看你也不是甚麼尹七明尹八明你定是紀獻唐那賊的私人不曉得在那裡怎生賺得這張彈弓喬莊打扮前來探我的行藏作個說客你不曾生得眼睛須是生着耳朵也要打聽打聽你姑娘可是怕你來探的可是你說得動的你快快說出實話我還佛眼相看少若遲延哼哼尹其明只怕我這三間小小茆簷任你闖得進來叫你飛不出去這正是不曾項下解金鈴早聽山頭哮虓虎要知那十三妹合那假尹先生眞安老爺怎的個開交下回書交代

兒女英雄傳評話第十七回終

兒女英雄傳評話第十八回

假西賓高談紀府案　真孝女快慰兩親靈

這回書接連上回講得是十三妹他見那位尹先生一口道破他仇人紀獻唐姓名心下一想我這事自來無人曉得縱然有人曉得紀獻唐那厮勢燄燻天人避他還怕避不及誰肯無端的扐這虎鬚提着他的名字來問這等不相干的閒事又見那尹先生言語之間雖是滿口稱揚暗中却大有菲薄之意便疑到是紀獻唐放他母女不過不知從那裡怎生賺了這張彈弓差這人來打聽他的行藏作個說客止是仇人相見分外眼明登時怒從心上起惡

向牆邊生掣那把刀在手裡便要取那假西賓的性命不想這着棋可又叫安老爺先料着了鄧九公是昨日合老爺搭就了的伏地扣子見姑娘手執倭刀站在當地指定安老爺大聲斷喝忙轉過身來兩隻胳膊一橫迎而攔住說道姑娘這是怎麼說你方纔怎麼勸我來着正在那裡勸解褚大娘子過來一把把姑娘扯住道這怎麼索興刀兒鎗兒的鬧起來了我也不知道你們這些甚麼紀獻兒唐啊灌餡兒糖的事還他是甚麼糖也得慢慢兒的問個牙白口淸再說呀怎麼就講拿刀動杖呢就讓你這時候一刀把他殺了這件事難道就算明白了不成猫鬧麼坐

下啵說着把姑娘推到原坐的那個座上坐下姑娘這纔一同手把那把刀倚在身後壁子跟前看了看右邊有根棹楔兒凝着手便提起來同手倚在左邊鄧九公便去培植那位尹先生又叫褚一官張羅換茶這個當兒姑娘提着一副眼神兒又向那先生唱了一聲道請那先生且不答話依然坐在那裡微笑姑娘道你話又不講只是作這等狂態笑些甚麼快講尹先生道我不笑別的我笑你倒底要算一個尋常女子鄧九公道喂先生你這也來得過逾貧了怎麼這句又來了呢那先生也不合他分辯望着十三妹道你未從開口說這句話心裡也該想想你那仇

人朝廷給他是何等威權他自己是何等腳色況他那裡雄兵十萬甲士千員猛將如雲謀臣似雨慢說別的祇他那幕中那幾個參謀眞眞的是上知天文下知地利深明韜畧廣有機謀就他他帳下那班奔走的健兒也是一個個有飛空躡壁之能虎跳龍拿之技他果然要探你的行藏差那一個來不了了事單單的要用着我這等一個推不轉搡不動的尹其明只這些小機關你尚且見不到此要費無限狐疑豈不可笑姑娘聽了這話低頭一想這裡頭却有這麼個理兒我方纔這一陣鬧敢是鬧的有些孟浪然雖如此我輸了理可不輸氣輸了氣也不輸嘴且翻

打他一耙倒問他因問道你既不是那紀賊的私人怎的曉得他是我的仇家也要説個明白那先生道你且莫問我怎麼曉得他是你的仇家你先説他到底可是你的仇家不是你的仇家這句話姑娘要簡捷着答應一個字是就完了那不又算輸了氣了嗎他便把那話變了個相兒倒問着人家説是便怎麼樣那先生道我説的果然不是倒也不消往下再談既然是他這段仇你早該去報直等到今日却是可惜報的遲了我勸你早早的打斷了這個念頭你若不聽我這良言只怕你到了那裡莫講取不得他的首級就休想動他一根毫毛這等的路遠山遙可不

白白的吃一場辛苦姑娘道吭那紀賊就被你說的這等利害想就因你講的他那等威權那等脚色覺得我動不得他先生道非也以姑娘的這樣志氣那怕他怎樣的威權怎樣的脚色姑娘又道然則便因你說的他那猛將如雲謀臣似雨覺得我動不得他先生道也不然以姑娘的本領又那怕他甚麽猛將甚麽謀臣我方纔攔你不必吃這場辛苦不是說怕你報不了這仇是說這仇用不着你報早有一位天大地大無大不大的檠世英雄替你報了仇去了姑娘道夢話我這段寃仇從來不曾向人提過就我這師傅面前也是前日纔得說起外人怎的得知况如

今世上那有怎般大英雄做這等大事尹先生道姑娘你切莫自負不凡把天下英雄一筆抹倒要知泰山雖高更有天山寰海之外還有渤海我若說起這位英雄來只怕你倒要嚇得把舌頭一伸頸兒一縮哩姑娘聽了這話心下暗想道不信世間有這等人我怎的會不曉得我且聽聽他端的說出個甚麼人來有甚對証再合他講便道我倒要聽聽這位天大地大無大不大的英雄那先生道姑娘你坐穩着我說的這位槩世英雄便是當今九五之尊龍飛天子姑娘聽了從鼻子裡笑了一聲說豈有此理尤其夢話萬歲爺怎的曉得我有這段奇寃替我一個小小

民女報起仇來尹先生道你要知這話的原故竟抵得一回評書你且少安毋躁等我把始末因由演說一番你聽了纔知我說的不是夢話姑娘此刻只管心裡不服氣不知怎的耳朵裡聽了這一路的話覺得對胃啖漸漸臉兒上也就和平起來口兒裡也就乖滑起來陪了個笑兒叫了聲先生說既然如此倒望你莫嫌絮煩詳細說與我們知道列公你大家却莫把那假尹先生真安老爺說的這段話認作個撮騙十三妹的文章這紀獻唐却實實的是個有來處來的人只可惜他昧了天性人性壞了兒女心腸送了英雄性命弄到沒去處去這其中還括包着一個

出奇的奇人作出來的一樁出奇的奇事並且還不是無根之談說起來眞個抵得一回評話只是這回評話的灣子可遶遠了些列公且莫急急慌慌的要聽那十三妹到底怎的個歸着待說書的把紀獻唐的始末原由演說出來那十三妹的根兒蒂兒枝兒葉兒自然都明白了你道這話從何說起原來書中表的那經畧七省掛九頭獅子鐵印禿頭無字大將軍紀獻唐他也是漢軍人氏他的太翁紀延壽內任侍郎外任巡撫後來因這紀獻唐的累次軍功加銜尚書晉贈太傅人稱他是紀太傅這紀太傅生了兩個兒子長名紀望唐次名紀獻唐紀獻唐也生兩個

兒子一名紀成武一名紀多文那紀望唐自幼恪遵庭訓
循分守理奮志讀書那紀獻唐當他太夫人生他這晚忽
然當院裡起了一陣狂風那風刮得走石飛砂偃草拔木
連門牕戶壁都撼得岌岌的要動風過處他太夫人正要
分娩恍惚中見一隻吊睛白額黑虎撲進房來吃了一驚
恰好這紀獻唐離懷落草收生婆收裹起來只聽他哭得
聲音洪亮且是相貌魁梧到了五六歲上識字讀書聰明
出衆只是生成一個桀驁不馴的性子頑劣異常淘氣起
來莫說平人說他勸他不聽有時父兄的教訓他也不甚
在意年交七歲紀太傅便送他到學房附哥哥讀書那想

生是位老儒見他一目十行到口成誦到十一二歲便把一經書念完大是顯悟便叫他斷了哥哥聽着講書只是他心地雖然靈通性情却欠沉靜纔略略有些知覺便要撇駁先生那先生往往就被他問得無話可講一日那先生開講中庸開卷便是天命之謂性一章先生見了那投頭沒腦闢空而來的十五個大字正不知從那裡開口纔入得進這中庸兩個字去只得先看了一遍高頭講章照着那講章往下敷衍半日纔得講完他便問道先生講的天以陰陽五行化生萬物這句話我懂了下面於是人物之生因各得其所賦之理以爲五常健順之德難道那物也

曉得五常仁義禮智信不成先生瞪着眼睛向他道物怎麼不曉得五常那羔跪乳烏反哺豈不是仁獬觸邪鶯求友豈不是義獺知祭雁成行豈不是禮狐聽冰鵲營巢豈不是智犬守夜雞司晨豈不是信怎的說得物不曉得五常先生這段話本也誤於朱註講得有些牽强他便說道照先生這等講起來那下文的人物各得其性之自然直說到則謂之教若禮樂刑政之屬是也難道那禽獸也曉得禮樂刑政不成一句話把先生問急了說道依註講解只管胡纏人爲萬物之靈人與物一而二二而一者也有甚麽分別他聽了哈哈大笑說照這等講起來先生也是

個人假如我如今不叫你人叫你個老物兒你答應一不答應先生登時大怒氣得渾身亂抖大聲喊道豈有此禮將人比畜放肆放肆我要打了拿起界尺來纔要拉他的手早被他一把奪過來扔在當地說道甚麽你敢打二爺二爺可是你打得的照你這樣的先生叫作遁䇿本是教書匠到處都能僱得來打不成我先教你吃我一鄉吧照着那先生的腿窪子就是一脚把先生踢了個大仰爬脚子倒在當地紀望唐見了趕緊攙起先生來一面喝禁兒弟不得無禮只是他裡肯受教還在那裡頂撞先生先生道反了反了要辭館了正然鬧得烟霧塵天恰巧紀太傅送

客出來聽見送客走後連忙進書房來問起原由纔再三的與先生陪禮又把兒子着實責了一頓說還求先生以不屑敎誨敎誨之那先生搖手道不大人我們賓東相處多年君子絕交不出惡聲晚生也不願是這等不歡而散旣蒙苦苦相留只好單叫這大令郞作我個陳蔡及門你這個二令郞還你另請高明儻還叫他由也升堂起來我只得不脫冕而行矣紀太傅聽說無法便留紀望唐一人課讀打算給紀獻唐另請一位先生叫他弟兄兩個各從一師受業也是爲子擇師這樁事也非容易更兼那紀太傅每日上朝進署不得在家他家太夫人又身在內堂照

瞧不到外面的事這個當兒那紀獻唐離開書房一徑溜了糧的野馬益發淘氣得無法無天紀府又本是個巨族只那些家人孩子就有一二十個他便把這般孩子都聚在一處不是練着揮拳弄棒便是學着打仗衝鋒大家頑耍那時國初時候大凡旗人家裡都還有幾名家將與如今使僱工家人的不同那些家將也都會些摔跤打拳馬鎗步箭桿子單刀跳高爬繩的本領所以從前征噶兒旦的時候曾經調過八旗大員家的庫圖扐兵這項人便叫作家將紀府上的幾個家將裡面有一名教師見他家二爺好這些武藝便逐件的指點起來他聽得越發高興就

置辦了許多桿子單刀之類合那羣孩子每日練習又用磚瓦一堆堆的堆起來算作個五花陣八卦陣雖說是個頑意兒也講究個休生傷杜景死驚開以至怎的五行相生八卦相錯怎的明增暗減背抵擊虛教那些孩子們穿梭一般演習倒也大有意思他却搬張棹子又硌張椅子坐在上面腰懸寶劍手裡拿個旗兒指揮調度但有走錯了的他不是用棍打便是用刀背釘因此那班孩子怕的神出鬼沒沒一個不聽他的指使除了那些頑的之外第一是一昧地裡愛馬他那愛馬也合人不同不講毛皮不講骨格不講性情專講本領紀太傅家裡也有十來匹好

馬他都說無用便着人每日到市上拉了馬來看他那相馬的法子也與人兩道先不騎不試止用一個錢扔在馬肚子底下他自已却向馬肚子底下去揀那個錢要那馬見了他不驚不動他纔問價一連拉了許多名馬來看那馬不是見了他先踶蹶咆哮的閃躲便是唬得迴身亂顫甚至唬得撒出溺來這日他自已出門偶然看見拉鹽車駕轅的一匹鐵青馬那馬生得來一身的捲毛兩個繞眼圈兒並且是個白鼻粱子更是渾身磨得純泥稀爛他失聲道可惜這等一個駿物埋沒風塵也不管那車夫肯賣不肯便哂手一百金硬強強的買來可煞作怪那馬憑他

怎樣的摸索風絲兒不動他便每日親自看着刷洗喂養起來那消兩三個月的工夫早變成了一匹神駿他日後的軍功就全虧了這匹馬此是後話却說紀太傅好容易給他請着一位先生就另收拾了一處書房送他上學不上一月那先生早已辭館而去落後一連換了十位先生倒被他打跑了九個那一個還是跑的快纔沒挨打因此上前三門外那些找館的朋友聽說他家相請便都望影而逃那紀太傅爲了這事正在煩悶恰好這日下朝回府轎子纔得到門轉正將要進門忽見馬台石邊站着一個人戴一頂雨纓涼帽貫着個純泥滿銹的金頂穿一件下

過水的葛布短襟袍子套一件磨了邊兒的天青雨紗馬褂子脚下一雙破靴靠馬台石還放着一個竹箱兒合小小的一捲鋪蓋一個包袱那人望着太傅轎旁搶地便是一躬轎夫見有人參見連忙打住杵桿太傅那時正在工部侍郎任內見了這人只道他是解工料的微員吩咐道你想是個解官我這私宅向來不收公事有甚麽文批衙門投遞那人道晚生身列膠庠不是解差因仰慕大人的清名特來瞻謁儻大人不惜階前盈尺之地進而教之幸甚那太傅素日最重讀書人聽見他是個秀才便命落平就在門外下了轎吩咐門上給他看了行李陪那秀才進

來讓到書房待茶分賓主坐下因問道先生何來有甚見教那秀才道晚生姓顧名綮別號肯堂浙江紹興府會稽人氏一向落魄江湖無心進取偶然遊到帝都聽得十停人倒有九停人說大人府上有位二公子要延師課讀晚生也曾囑人推薦無奈那些朋友都說這個館地是就不得的爲此晚生不揣鄙陋竟學那毛遂自薦儻大人看我可爲公子之師情願附驥自問也還不至於尸位素飡悞人子弟那太傅正在請不着先生又見他雖是寒素吐屬不凡心下[illegible]有幾分願意便道先生這等翩然而來眞是倜儻不羣足占抱負只是我這第二個豚犬雖然天資尚

可造就其頑劣殆不可以言語形容先生果然肯成全他便是大幸了請問尊寓在那裡待弟明日竭誠拜過再訂吉期送關奉請顧肯堂道天下無不可化育的人材只怕那為人師者本無化育人材的本領又把化育人材這樁事看成個牟利的生涯自然就難得功效了如今既承大人青盼多也不過三五年晚生定要把這位公子送入清碧堂中成就他一生事業只是此後書房功課大人休得過問至於關聘竟不消拘這形跡便是此後的十脡兩飧也任尊便衹今日便是個黃道吉日請大人吩咐一個小僮把我那半肩行李搬了進來便可開館又何勞大人枉

駕答拜紀太傅聽了大喜一面吩咐家人打掃書房安頓行李收拾酒飯預備贄儀就着公服便府那先生到了書房立刻叫紀獻唐穿衣出來拜見一時擺上酒席太傅先遞了一杯酒然後纔叫兒子遞上贄見拜師顧先生不抗不卑受了半禮便道大人請便好讓我合公子快談紀太傅又奉了一揖說此後弟一切不問但憑循循善誘說罷辭了進去那紀獻唐也不知從那裡就來了這等一個先生又見他那偃蹇寒酸樣子更加可厭方纔只因在父親面前勉循規矩不好奚落他及至陪他吃了飯便問道先生你可曉得以前那幾個先生是怎樣走的顧肯堂道聽

說都是吃不起公子的打走的紀獃唐道可又來難道你是個不怕打的不成顧肯堂道我料公子決不打我他那些人大約都是一般獃子想他那討打的原故不過爲讀書房的功課起見此後公子歡喜到書房來有我這爺一個人磨墨拂紙作個伴讀也於公子無傷不願到書房來我正得一覺好睡衍那裡討你的打起紀獃唐道倒莫看你這等一個人竟知些進退說着帶了幾個小厮早走的不知去向從此他雖不似往日的橫鬧大約一月之間也在書房坐上十天八天但那一天之內都在書房作不得一時半刻適天正遇着中旬十五六天氣晴明晚來絕好

的一天月色他便帶了一羣家丁聚在箭道大空地裡拉了一匹劣馬着個人拉着都教那些小厮騗馬作耍有的從老遠跑來一縱身就過去的有的打着蹓級轉着紡車過去的有的兩手扶定迎鞍後胯騙起直柳來翻身趁過去的他看着大樂正在頭的高興忽然一陣風兒送過一片琵琶聲音來那琵琶彈得來十分圓熟清脆他聽了道誰聽曲兒呢一個小小子兒問咕咚咚就撒脚跑了去打探一時跑回來說沒人聽曲兒是新來的那個顧師爺一個人兒在屋裡彈琵琶呢絕倒唐道他會彈琵琶走偺們去看看去說着丟下這裡一窩蜂跑到書房顧肯堂見他

進來連忙放下琵琶讓坐他道先生不想你竟會這個頑意兒莫放下彈來我聽那顧肯堂重新和了絃彈起來彈得一時金戈鐵馬破空而來一時流水落花悠然而去把他樂得手舞足蹈問道先生我學得會學不會先生道旣要學怎有個不會就把怎的撥絃怎的按品怎的以工尺上乙四合五六凡九字分配宫商角徵羽五音怎的以五音分配六呂六律怎的推手向外爲琵合手向內爲琶怎的爲挑爲弄爲勾爲撥指使的他眼耳手口隨了一個心不會一刻少閒那消半月工夫凡如出塞卸甲潯陽夜月以至兩音板兒兩音串兒兩音月兒高兩套令子松青海

青陽關普安咒五明馬之類按譜徵歌都學得心手想應及至會了却早厭了又問先生還會甚麽技藝先生便把絲弦竹管揭鼓方響各樣樂器一一的教他他一竅通百竅通會得更覺容易漸次學到手談象戲五木雙陸彈棋又漸次學到作畫籤戲勾股占驗甚至鐫印章調印色凡是他問的那先生無一不知無一不能他也每見必學每學必會每會必精却是每精必厭然雖如此却也有大半年不曾出那座書房門一日師生兩個正閒立空庭望那鈎新月他又道這一向悶的緊還得先生尋個甚麽新色解悶的營生纔好先生道我那解悶的本領都被公子學

去了那裡再尋甚麽新色的去我們教學相長公子有甚麽本領何不也指點我一兩件彼此頑起來倒也解悶紀獻唐道我的本領與這些頑意兒不同這些頑意兒盡是些雕虫小技不過解悶消閒我講得是長鎗大戟東蕩西馳的本領先生你那裡學得來先生道這些事我雖不能却也有志未逮公子何不作一番我看或者我見獵心喜竟領會得一兩件也不見得他聽了道先生既要學更有趣了但是今日天色已晚那槍棒上却沒眼睛可不曉得甚麽叫作師生傷着先生不當穩便明日却作來先生看先生道天晚何妨難道將來公子作了大將軍遇着那強

敵歷境也對他說今日天晚不當穩便不成他聽先生這等說更加高興便同先生來到箭道叫了許多家丁把些兵器搬來趁那新月微光使了一回拳又扎一回桿子兩合那些家丁們比試了一番一個個都沒有勝得他的他便對了那先生得意洋洋賣弄他那家本領顧先生說待我也學着合公子交交手頑回拳看但我可是外行公子不要見笑紀獻唐看着他那等拱肩縮背擺擺搖搖的樣子不禁耍笑只因他再三要學便合他各站了地步自己兒把左手向懷裡一攏右手向右一橫亮開架式然後右腳一踢抬左腳一轉身便向顧先生打去說着打及至轉

過身來向前打去早不見了顧先生但覺一件東西貼在辮頂上左閃右閃那件東西只擺脫不開溜勢的撥轉身來那件東西却又隨身轉過去了鬧了半日纔覺出是顧先生跟在身後把個巴掌貼在自己的腦後再也躲閃不開擺脫不動惱得他想要翻轉拳頭向後搗去却又搗他不着便回身一腳飛去早見那先生倒退一步把手往上一綽正托住他的腳跟說道公子我這一送你可跌倒了拳不是這等打法倒是頑頑桿子罷這要是個識竅的就該罷手了無奈他一團少年盛氣那裡肯罷手早向地下拿起他用慣的那桿兩丈二長的白蠟桿子使的似怪

蟒一般望了顧先生道來來來顧先生笑了一笑也撩了一根短些的拿在手裡兩下裡桿稍點地顧先生道且住顛倒你我兩個沒備意思你這些管家既都會使傢伙何不大家頑着熱鬧些紀獻唐聽了便挑了四個能使桿子的分在左右五個人哈了一聲一齊向顧先生使來顧先生不慌不忙把手裡的桿子一抖抖成一個大圓圈早把那四個家丁的桿子撥在地下那四人撒了手豁口只是叫疼紀獻唐看見往後撤了一步把桿子一掄掄着顧先生的肩脚向上挑來顧先生也不破他的桿子只把右腿一撤左腿一趕前身一低紀獻唐那條桿子早從他脊梁

上面過去使了個空他就跟着那桿子底下打了個進步用自巳手裡的桿子向紀獻唐腿膪裡只一繳紀獻唐一個站不牢早翻觔斗跌倒在地顧先生連忙丢下桿子扶起他來道孟浪孟浪紀獻唐一骨碌身爬起來道先生你這纔呌本事我一向直是瞎鬧沒奈何你須是盡情講究講究指點與我顧先生道這裡也不是講究的所在我們還到書房去談說着來到書房他急得就等不到明日便扯了那顧先生問長問短顧先生道你且莫絮叨叨的問這些無足重輕的閒事你豈不聞西楚覇王有云一人敵不足學請學萬人敵的這句話麼紀獻唐道那萬人敵怎

生輕易學得來顧先生道要學萬人敵却也易如拾芥只是沒第二條路只有讀書紀獻唐縐了縐眉道書我何嘗不讀只是那些能說不能行的空談怎幹得天下大事禎先生正色道公子此言差矣聖賢大道你怎生的看作空談起來離了聖道怎生作得個偉人作不得個偉人怎生幹得起大事從古人才難得我看你虎頭燕頷封侯萬里況又生在這等的望族秉了這等的天分你但有志讀書既自信爲識途老馬那入金馬步玉堂擁高牙樹大纛何不是道此時却要學這些江湖賣藝營生何用公子你切切不可亂了念頭書裡交代過的紀獻唐原是 何求懸

的人一語點破他果然從第二天起便潛心埋首簡鍊揣摩起來次年鄉試便高中了孝廉轉年會試又聯捷了進士歷升了內閣學士朝廷見他强幹精明材堪大用便放了四川巡撫那紀獻唐一生受了那顧先生的好處合他寸步不離便要請他一同赴任顧先生也無所可否這日紀獻唐陛辭下來便約定顧肯堂先生第二日午刻一同動身次日纔得起來便見門上家人傳進一個個帖合一本書來回道顧師爺今日五鼓覔了一輛小車兒說道先走一程前途相候留下這兩件東西請老爺看看紀獻唐聽了便有些詫異接過那封書一看只見信上寫着留別大

將軍夠啟心下緻緻道顧先生斷不至於這等不通我纔作了個撫院怎的便稱我大將軍起來又看那本書封的嚴密層層面上貼了個空白紅籤不着一字忙忙的拆開那封信看只見上寫道

友生顧綮留書拜上

大將軍賢友麾下僕與

足下十年相聚自信識途老馬底

君於成今且建牙開府矣此去擁十萬貔貅作西南半壁建大業爵上公炳旂常銘鐘鼎振鑠千秋都不

足慮所慮者

足下天資過高人慾過重才有餘而學不足以養之所望刻自惕厲進爲純臣退爲孝子自茲二十年後足下年造不吉時至當早圖返轡收颿移忠作孝儻有危急僕當在天台雁岩間遲君相會也切記切記僕閒雲野鶴不欲偕赴軍門昔日翩然而來今日翩然而去此皆非偶足下幸留意焉秘書一本當於無字處求之其勿視爲河漢霸　祭拜手

他看了這封簡帖默默無言心下却十分凜懼曉得這位顧先生大大的有些道理料想着人追趕也是無益便連

那本秘書也不敢在人面前拆看收了起來到了吉時拜別宗祠父母就赴四川而去自此仗了顧先生那本書一征西藏一平臬子山兩定青海建了大功一直的封到一品公爵連他的太翁也晉贈太傅兩個兒子也封了子男朝廷並加賞他的寶石頂三眼花翎四團龍褂四開衩袍紫韁黄帶又特命經略七省掛九頭獅子印稱為飛頭無字大將軍列公你道人臣之榮至此當怎的個報國酬恩否則也當聽那顧肯堂先生一片苦口良言急流勇退誰想他倚了功高權重早把顧先生的話也看成一片空談任着他那嬌情劣性便漸漸的放縱起來又加上他那人

子紀多文助紂爲虐作的那些侵冒貪黷忌刻殘忍的事一時也道不盡許多祇那屈死的官民何止六七千八人已的臟私何止三四百萬又私行鹽茶私販木植豈知人慾日長天理日消他不禁不由的自已就撥弄起自已來了出入衙門便要走黃土道驗看武弁便要用綠頭牌督府都要跪迎跪送他的家人却都濫入爲弁作到副叅道府後來竟鬧到私藏鉛彈火藥編造讖書妖言謀爲不軌起來他再不想我大淸是何等洪福當朝聖人是何等神聖文武那時朝廷早照見他的肺腑差親信大臣密密的防範訪察便有內而內閣翰詹九卿科道外而督撫提鎮

合詞叅奏了他九十二大款的重罪當下天顏震怒把他革職拿問解進京來交在三法司議罪三法司請將他按大逆不道大辟夷族幸是天恩浩蕩念他薄薄的有些軍功法外施仁加恩賜帛令他自盡他的太翁紀延壽同他長兄紀望唐革職免罪十五歲以上男族免死充軍女眷免給功臣爲奴獨把他那助桀爲虐的次子紀多文立斬他賜帛的那夜獄卒人等都見那獄庭中一陣旋風旋着猛虎大的一團黑氣撮向半空而去這便是那紀大將軍的始末原由一篇小傳暫回來再講他經畧七省的時節正是十三妹姑娘的父親作他的中軍副將他聽得這中

軍的女兒有怎般的人才本領那時正值他第二個兒子紀多文求配續作塡房這要遇見個趨炎附勢的一個小小中軍得這等一位攪動乾坤的大上司紆尊降貴合他作親家豈有不愿之理無如這位副將爺正是位累代名臣之後有見識尚氣節的人他起初還把些官職門戶年歲都不相當不敢攀附的套話推辭後來那紀大將軍又着實的牢籠他保了他堪勝總兵又請出本省督撫提鎮强逼作伐却惹惱了這位爺的性兒用了一個三國時候東吳求配的故事道吾虎女豈配犬子吾頭可斷此話再也休提這話到了那紀大將軍耳朵裡他老羞變怒便借

椿公事忝了這位爺一本道他剛愎任性遺悞軍情那時紀大將軍忝一員官也只當抹個臭虫那個敢出來辯這寃枉可憐就把個鐵錚錚的漢子立刻革職拏問搯在監牢不上幾日一口暗氣鬱結而亡以致十三妹姑娘弄得人亡家破還被了萬載不白說不出口的一段奇寃他這等的一個孝義情性英雄志量如何肯甘心忍受偏偏的又有個老母在堂無人奉養這段仇愈擱愈久愈久愈深愈深愈恨如今不幸老母已故想了想一個女孩兒家獨處空山斷非久計莫如早去報了這段寃仇也算了了今生大事這便是十三妹切齒痛心顧不得守靈穿孝盡禮

盡哀急急的便要遠去報仇的根子無奈他又住在這山背見子裡外間事務一槩不知鄧九公偶然得些傳言也是那鄉下老兒談國政況又只管聽他說報仇報仇究竟不知這仇人是誰更不想便是他聽見的那個紀獻唐所以一直不曾提起直到安老爺昨日到了褚家莊纔一番筆談談出這底裡深情的原故來這又叫作無巧不成話列公你看這段公案那紀大將軍在天理人情之外去作人以致辱没兒女英雄不足道也只他這個中軍從紀大將軍那等轟轟烈烈的時候早看出紀家不是個善終之局這人不是個載福之器寧甘一敗塗地不肯辱没了自

巳門第就悞了兒女終身也就算得個人傑了不然他怎的會生出十三妹這等撓動乾坤的一個女兒來剪斷閒言言歸正傳當下那尹先生便把這椿公案照說評書一般從那黑虎下界起一直說到他白練套頭這其間因礙着十三妹姑娘面皮却把紀大將軍代子求婚一層不曾提着一字鄧九公合褚家夫妻雖然昨日聽了個大槩也直到今日纔知始末根由那些村婆村姑只當聽了一回豆棚閒話却說十三妹起先聽了那尹先生說他這仇早有當今天子替他報了去了也只把那先生看作個江湖流派大言欺人及至聽他說的有本有源有憑有據不容

不信只是話裡不曾聽他說到紀家求婚一節又追問了一句道話雖如此只是先生你怎見得這便是替我家報仇尹先生道姑娘你怎麽這等聰明一世糟懂一時你家這樁事便在原參的那忌刻之罪九十二款之內豈不是替你報過仇了姑娘又道先生你這話眞個尹先生道聖論煌煌焉得會假姑娘道不是我不信要苦苦的問你你這句話可大有關係不可打一字誑語尹先生道且無論我尹其明生平光明磊落不肯妄言便是妄言姑娘只想你報你家的仇于我尹其明甚事要來攔你況你這樣不共戴天的勾當誰無父母可是欺得人的你若不見信只

怕我身邊還帶得有抄白文書一紙不妨一看只不知姑娘你可識字鄧九公道豈但識字字兒忒深了那尹先生聽了便從靴掖兒裡尋出一張鈔白的通行上諭遞給鄧九公送給姑娘閱看只見他從頭至尾看了一遍擱在桌兒上把張一團青白氣的臉漸漸的紅暈過來將手扶了膝蓋兒目不轉睛的怔着望了他母親那口靈良久良久默然不語列公你道他這是甚麼原故原來這十三妹雖是將門之女自幼喜作那些彎弓擊劍的事這拓弛不羈却不是他的本來面目只因他一生所遭不偶拂亂流離一團苦志酸心便釀成了這等一個遯跡空山游戲三

昧的樣子如今大事已了這要説句優俳之談叫作叫化子丟了猢猻了没得弄的了若歸正論便用着那趙州和尚説的大事已完如喪考妣的這兩句禪語這兩句禪語聽了去好像個葫蘆提列公你只閉上眼睛想作了一個人文官到了入閣拜相武官到了奏凱成功以至才子登科佳人新嫁豈不是人生得意的事不解到了那得意的時候不知怎的自然而然有一種説不出的感慨再如天下最樂的事還有比飲酒看戲游目快心的麽及至到了酒闌人散對着那燈火樓台靜坐着一想就覺得像有一種無限傷心的大事兜的堆上心來這十三妹心裡此刻

便是恁般光景鄧九公合褚家夫妻看了還只道自從他家老太太死後不曾見他落下一滴眼淚此時聽了這個原由定有一番大痛正待勸他只見他悶坐了半日忽然浩歎了一聲道原來如此便整了整衣襟望空深深的作了一萬福道謝天地原來那賊的父子也有今日轉身又向那尹先生福了一福謝道先生多虧你說明這段因由省了我妄奔這趟我倒不怕山遙水遠渴飲饑餐只是我趁興而去難道還想敗興而回豈不畫蛇添足轉落一場話靶翻身又向鄧九公福了一福道師傅我合你三載相依多承你與我掌持這小小門庭深銘肺腑容當再報鄧

九公正說姑娘你這話又從那裡說起只見他並不回答這話早退同去坐下冷笑了一聲望空叫道母親父親你二位老人家可會聽見那紀賊父子竟被朝廷正法了可見天網恢恢疎而不漏只是你養女兒一塲不曾得我一日孝養從我略有些知識使撞着這塲惡姻緣弄得父親含寃母親落難你女兒早辦一死我又上無長兄下無弱弟無人侍奉母親如今母親天年已終父親大仇已報我的大事已完我看着你二位老人家在那不識不知的黃泉之下好不逍遙快樂二位老人家你的神靈不遠慢走一步待你女兒趕來合你同享那逍遙快樂也說着把左

手向身後一綽俠要綽起那把刀來就想往項下一橫拚這副月貌花容作一團珠慮玉碎這正是爲防濁水污蓮葉先取鋼刀斷藕絲要知那十三妹的性命如何下回書交代

兒女英雄傳評話第十八回終

兒女英雄傳評話第十九回

恩怨了了慷慨捐生　　變幻重重從容救死

這回書不消多談開口便道着十三妹却說那十三妹他聽得仇人已死大事已完剩了自己孑然一身無可留戀便想回手綽起那把雁翎寶刀來往項下一横拚着這副月貌花容珠沉玉碎且住儻他這副月貌花容果然珠沉玉碎在他算是一了百了了只是他也不曾想想這兒女英雄傳纔演到第十九回叫說書的怎生往下交代天無絕人之路幸而他一回手要綽那把刀的時候撈了兩撈竟同水中撈月一般撈了個空連忙回頭一看原來那把

刀早已不見了他便吃驚道阿我這把刀那裡去了褚大娘子站在一旁說道你問那把刀啊是我見你方纔鬧得不像怕傷了這位尹先生給你拿開了十三妹道嗨你怎麽這等悞事快快給我拿來褚大娘子道我叫你姐夫交給人帶囘我們莊兒上去了我那裡給你快快的拿去呀你這時候又要這把刀作甚麽罷姑娘道我要跟了爹娘去褚大娘子道胡鬧的話了你可是没的幹的了你見過有個爹娘死兒女跟了去的没有好好兒的叫人瞧着這是怎麽了作了甚麽見不得人的事了姑娘你這不是撑糊塗了嗎鄧九公也夾雜在裡頭亂嚷他道姑娘你這是

那裡説起咱們原爲這仇不能報出不了這口氣纔忙着要去報仇如今仇是報了咱們正該心裡痛快痛快再完了老太的事咱們就該着淨找樂兒了怎麼倒添了想不開了呢褚一官也在一旁相勸你一言我一言姑娘都作不聽見只逼着褚大娘子要他那把刀褚大娘子道那你可是白說了今日你憐我點兒都使得也有個我遞給你刀叫你尋死去的姑娘賭氣道我要死也不必定在那把刀上列公聖人講的殺身成仁孟子講的舍生取義你看他這成字取字下得是何等分量便是那史書上所載的那些忠臣烈士以至愚婦愚夫雖所遇不同大都各有

個萬不得已只這萬不得已之中却又有個分別叫作慷慨捐生易從容就死難郎如這十三妹假使他方纔一伸手就把那把刀綽在手裡往項下一橫早已一旦無常萬事休了就讓有一百個假尹先生還往下合他說些甚麼及至鼓着氣昌着勁橫着心要就那把雁翎寶刀上作個了當這正是件迅雷不及掩耳的事情說句外話叫作胡蘿卜就燒酒伏個乾脆怎禁得一伸手取那把刀先撲了個空氣兒一洩勁兒一破心早打了回頭了再加上鄧褚翁婿父女三人在耳邊廂吵吵鬧鬧說的都是些不入耳之談總不曾道着他那一肚子說不出來的苦楚姑娘聽

了益發覺得不耐煩此刻轉後悔方纔不該當着這些人作這舉動又多了一番爭扯只落得一聲兒不哼獃獃的坐在那裡發怔這個當兒鄧九公見勸他不理回頭正要望着尹先生說話見他又在那裡拈鬚而笑因說道嘿先生這都是你一套話惹出來的你也這麼幫着勸勸怎麼袖手旁觀的又瞇嘻瞇嘻的笑起來了呢莫不說人家這又是個尋常女子鄧九公這話正是要引出安老爺的話來只聽他道九公我此時到不單笑這姑娘是個尋常女子到笑着你這糊塗老頭兒鄧九公道我怎麼糊塗了先生道你合這姑娘既有個師生之誼況又這等的高年他

但有個見不到的去處自然就仗你指引你只看你以前見他無端要報那不消去報的仇正該攔他你不攔他如今見他無法要走這没奈何走的路正該由他却又不由他也不曾替這位姑娘設身處地想想他雖然大仇已報大事已完可憐上無父母中無兄弟往下就連個着己的僕婦了鬟也不在跟前况又獨處空山飄流異地舉頭看看那一塊雲是他的天低頭看看那撮土是他的地這纔叫作一身伴影四海無家遑他怎樣的胸襟本領倒底是個女孩兒家便説眼前靠了九公你合大娘子這萍水相逢的師生姊妹將來他葉落歸根怎生是個結果我倒請

教你不許他走這條路倒叫他走那條路鄧九公嚷道我的爺也有個見死兒不救的你這話我就不懂了按下鄧九公這邊不表却說十三妹聽了鄧九公要拉那先生幫着勸解又不知惹出他一片甚麼談吐來正在抱怨鄧九公囉嗦多事忽然聽得那先生說了這等一番言詞字字打到自已心坎兒裡且是打了一個雙關兒透不覺長嘆一聲說道到底還是讀書人說話明白你們大家聽聽可是我的所見不差鄧九公纔要答話先生道雖是不差却也差得一着又是可惜死得早了這姑娘是天生的半分不認錯一字不饒人拉口子要見血刨樹要搜根兒的脾

氣聽了這話早把那要刀的話且擱起先要合尹先生辨明這遲早兩個字他便問着那先生道方纔我那替父報仇的話先生你道可惜遲了是我苦於不知就裡如今我要殉母終身你怎的又道是可惜早了請問要到幾時纔是個不早尹先生道阿呀姑娘明人不待細講這話何消再問你如今雖然父仇已報母壽已終難道你尊翁那口靈你就果的忍心丟在那間破廟不把他入土不成你令堂這口靈你就果的忍心埋在這座荒山不想他合葬不成從來父母生兒也要得濟生女也要得濟他二位老人家一靈不瞑眼睜睜只望了你一個人你若果然是個孝

常女子我倒也不值得台你曉舌你要算個智仁勇三者兼備的巾幗丈夫只看當那紀獻唐勢焰燻天的時節你尚且有那膽量智謀把你尊翁的骸骨遣人送到故鄉你母女自去全身遠禍怎的如今那厮冰山已倒你又大了兩年倒不知顧眼前大義且學那匹夫匹婦的行逕要作這等沒氣力的勾當起來可不是可惜死得早了姑娘你的智仁勇安在這位安老爺眞會作這篇一折一伏一提一醒的文章前番話把十三妹一團盛氣折了下去這番話却又把他一片雄心提將起來那姑娘聽了這話果然把小脖頸兒一梗梗眼珠兒一轉心裡說道這話不錯倒

不要被這先生看輕了我果然該把母親送到故鄉然後從容就義纔是隨又轉念一想道話雖如此只是這番護着靈柩回京大非前番奉着母親逃難可比縱說我有這身本領那沿途的曉行夜住擺渡過橋豈是一人能夠照料再說當日有母親在無論甚麽大事都說交給我罷我却依然得把我交給母親如今我又把我交給誰去眼前可以急難相告的只有鄧褚兩家父女翁婿三個人這位將近九十歲的老人家難道還指望他辛辛苦苦跟了我去不成他不能去他的女兒自然父女相依不好遠離還是我就好合個褚一官同行呢就便算他父女翁婿同心

仗義都肯伴送我去及至到了家我那祖塋上是無餘地可葬了只這找地立墳以至葬埋封樹豈是件容易事便是當日護送父親靈柩的兩個家人還在難道是我一個女孩兒家帶了他們就弄得得成麼何況又兩手空空從何辦起一時左思右想千頭萬緒心裡到大大的爲起難來只這爲難的去處又被他那好勝的心腸繞成一處更不肯輕易出口在人前落了褒貶他轉大剌剌的說了一句道先生這時作彼一時此一時你這話談何容易豈知姑娘這番爲難光景早被那假尹先生猜透他便說道這又何難天下事只怕沒得銀錢便是俗語說的一文錢難

例英雄漢有了銀錢却又只怕没人又道是牡丹花好終須綠葉扶持如今無論眼前還有這鄧老翁合這大娘子不難助你一臂之力便是我東人安學海父子也受了你的大恩眼前辭官不作正爲尋你答這番恩情他只爲護了家眷同行更兼不知你的實在住處不能在此躭擱所以纔托我尹其明來尋訪如今我旣合姑娘見了面况又遇着你老太太這樣意外之事待我報個信給他他一定親來見你那時把這椿事就責成在他身上豈不是好姑娘聽了連連擺手說道先生你快快休提此話我在那黑風崗能仁古刹作的這場把戲原爲那騾夫和尚無故坑

陷平人一時奮起我的義憤性兒要出我那口惡氣並不是合安家父子有甚痛癢相關我自來施恩於人從不望報這事怎好責成在他身上況且自已父母大事可是責成得人的姑娘這句話更被那位假尹先生扨着線頭兒了他便笑了一笑道姑娘我看你這人一生受病正在這句話上你道施恩不望報大意不過只許人求着你你不肯求着人你這病根却又只吃虧在一個聰明好勝天下的聰明好勝人大槩都是看了聖賢的庸行學問覺得平淡定要再高一層轉弄到流爲怪僻看了事物的當然情理覺得尋常定要另走一路必致於漸入乖張其實按下

去任是甚的頂天立地的男兒也究竟不會見他不求人便作出那等驚人事業何況你強然是個女孩兒家怎說得不求人三個字你只看世界上除了父子弟兄夫妻講不到個求字之外那鄉黨之間不求人何以有朋友一倫廟堂之上不求人何以有君臣大義不但此也就作了個天不求人那個代他推測寒暑豈不成了混沌陰陽作了個地不求人那個給他刋奠山川豈不成了個洪荒世界至於施不望報原是盛德但也只好自已存個不望報的念頭不得禁住天下受恩人不來報恩世人造因結果的這場公案原是上天給衆生開得一個公共道場姑娘你

一定要自己站住這個路頭不准他人踹進一步纔算個英雄可不先把英雄兩字看得差了姑娘你去想來可憐這位姑娘雖說活了十九歲從纔解人事就遭了一塲横禍弄得家破人亡逃到這山見旮子裡來耳朵裡何曾聽見過這等一番學問話幸得他有那過人的天分領畧得到聽了這話心裡便暗暗的着實敬服這位先生早把那盛氣消盡說出幾句實話來他道先生我也不是單單爲此我合你那東人安官長素昧平生知他怎的個性情怎的個見識況人家好端端的同了家眷走路叫他合我這等一個不祥之家同行知他肯也不肯便說他礙了我前

番相救的情面不好推辭日長路遠儻到了路上彼此有一絲的勉强起來他是位官長我這等孤寒那時有母親的靈柩在前使我欲退不能欲進不可却怎麼處便是先生你又怎保得住你那東人父子一定也像你這等肝膽照人一心向熱話擠話說到這個場中算把姑娘前前後後的話都擠出來了當下先把鄧九公樂了個拍手打掌他活了這樣大年紀從不曾照今日這等按着三眼一板的說過話此刻瞥了半天早受不得了恨不得跳起來一句告訴那姑娘說這說話的就是安學海根兒裡就沒這麼一個尹其明安老爺生恐他說决撒了連忙向着姑娘

道姑娘你也不可過於謬賞這尹其明倒輕視那安與海此時正用着你方纔的話道我也不是甚麼尹七明尹八明只我就是你在能仁古刹救的那一對小夫妻安驥的父親張金鳳的公公南河被參知縣安學海的便是特來借着送這張彈弓訪你的下落我還有萬言相告十三妹聽了一怔重復把安老爺上下一打量又看了看鄧九公褚大娘子只得站起身來向安老爺福了一福道原來便是安官長方纔民女不知多多唐突望官長恕民女的冒昧老爺也連忙答禮讓坐只見他對着老爺默默的望了一刻又說怪道這言談氣度不像個寒酸幕客的樣子只

是既蒙官長下降怎的不光明正大而來便是九師傅你合褚家姐姐夫妻二位也該說個明白怎的大家作這許多張致是個甚麼意思鄧九公這可嚼不住了只站起來紅頭漲臉張牙舞爪的道姑娘我實告訴你說罷人家這位安太老爺昨日就來了他是想長念你的好處人家把七品黃堂的前程都扔了辭官不作親自到這個地方特爲找你未從找你來先到了西莊兒找我我們沒見着他又到了東莊兒昨日直等到我從山裡回來我們纔見着了姑娘偺爺兒倆可沒剩下的話你想人家既誠心誠意的找偺們來偺們有個不說實話的嗎我可就如此長短

的都說給他了是說這報仇的話我不知底沒提明白敢則人家全比偺們知底他說這話必得告訴你這麼着我們就認義了弟兄為了你這事我還爬下給人家磕了個頭今日纔來的怎麼你說人家來的不光明正大呢他講了半日通共不會把好端端的安老爺為甚麼要扮作尹先生這句話說明白索性把個姑娘也鬧得迷了攢兒了瞅瞅這個看看那個也不知聽那句好問那句好褚大娘子道你老人家這話不是這麼說等我告訴他說着也搬了個座兒在十三妹身旁坐下向他說道好妹子你瞧你我在一塊兒過了這麼二三年我的話從沒瞞過你一個

字到了今日的事可是出在沒法兒了這如今我們這一叔不是把真名姓兒說出來了嗎聽我徹底澄清的告訴明白了你人家二叔這盜來可並不是專爲送這張彈弓來的他也不知你家老太太去世更不知你又有要去給你家老爺子報仇的的這件事人家是誠心誠意的接你們娘兒倆重回老家來了要講你這報仇的事你連我瞞了個風雨不透就算我們老爺子知道也究竟不知你實的是那葫蘆裡的藥敢則昨日提起來人家比偺們知道的多着呢因這上頭大家夥兒纔商量着說必得把這話先告訴你然後人家二叔還有多少正經話要說小姑太

太你只想想你那個性格兒可是一句半句話省的了事的人嗎所以昨日纔商量了這樣一條主意來的你方纔只聽得說人家爲甚麼不光明正大的來我們爺兒們爲甚麼不告訴明白了你我且問你假如昨日沒個商量人家就這麼冒然的到門口兒說安某人送彈弓兒來了你自已估量着你見人家不見不用講心裡先橫上一個甚麼施恩望報咧不望報咧的一想他準是爲前番在廟裡救了他家公子報恩來了再加上你爲你老太太的事心裡不耐煩爲老爺子的仇怕走露這個話你管定連門兒也不准他進呌他留下彈弓兒找鄧九太爺去我爲甚麼

說這話呢你當日合他家公子約下送這張彈弓兒取那塊硯台的時候就叫他找我們老爺子這就明顯着是不許來人到門認着你的住處了你算人家連你的門兒都進不來就有一肚子話合誰說去所以纔商量着作成那樣假局子我們爺兒三個先來好把人家引進門兒來不想姑娘你果然就容我們把這位老人家引進門兒來了是說進了門兒了姑娘你也不是甚麼怕見人的人只是估量着不是方纔那個光景兒請你出去到前廳見人家你肯不肯一個不肯見面這話又從那裡說起所以纔商量着編成那個填我便攛掇到你牕根兒底下聽去那裡

却作成一邊定要留下那弓一邊定不肯留下那弓好把姑娘你引出去不想果然就把姑娘你引出去彼此見着面兒了是說見了面兒了還怕你不三言兩語把彈弓兒要過來趁身往裡就走嗎人家各有個內外難道人家還好後腳兒就跟進你來不成那時雖然見了面這話還是說不成所以纔商量着我們這二叔開口便問你家老太太爲的是接着拜靈好進來說這段話不想我們老爺子從旁一慫恿姑娘你果然就讓這位老人家到裡一屋兒來了是說到了這裡了難道拜過了靈交還了彈弓兒人生而不熟的人家還好硬坐下不走不成這話又打住了

所以纔商量着我拉起你來謝客你姐夫就替你遞茶爲的是好留住人家坐下說話不想姑娘你果然就讓他老人家坐下了是說是坐下了難道人家没頭没腦兒的開口就說你這不穿孝不是要報仇去呀這像句話嗎便是我們爺兒們又怎好多這個口呢這話又耽悞了所以纔商量着就借着問呢爲何不穿孝用話激着你叫你們已說出這句報仇的話來又怕一下子把你激惱了打斷了話頭兒所以纔商量着不等你番老爺子先番好歷下你的氣去引出你的話來不想姑娘你果然就自已不禁不由的把報仇這句話說出來了是說說出來了再要你說

出這個仇人的姓名來只怕問到來年打罷了春也休想你說所以纔商量着索性給你一口道破了我們爺兒們可也想不到你就鬧到那個場中人家二叔可早料透了所以纔商量定了老爺子那裡緊防着你不想姑娘你果然就鎗兒刀兒烟霧塵天的鬧起來了到了鬧到這個場中了你那性兒有個不問人家一個牙白口清還得掉在地下砸個坑兒的嗎這話其實也不過幾句話就說明白了又要那樣說評書的似的合你叨叨了那半天是爲甚麽就防你一時想左了信不及這位假尹先生的話一個不信你嘴裡只管答應着心裡彆主意半夜裡一聲兒不

言語盼嘣騎上那頭一天五百里脚程的驢兒走了姑娘你説這個事你作得出來作不出來那時候誰覊了孫猴兒的觔斗雲趕你去呀這不是只管把話説明白了還是悮了事了嗎所以人家纔耐着煩兒想根發脚的合你説説的待終把紀家門兒的姥姥家都刨出來了也是偽要出出你這口怨氣好平下心去商量正事他們也只想着你聽見只有痛快的樂的再不然想起你們老爺子老太太來倒痛痛的哭一塲再不至於有别的岔兒人家二叔可又早料透了所以纔商量定了囑咐我小心留神所以我乘你合人家擡眉毛瞪眼睛的那個當兒我就把你那

把刀溜開了不想姑娘你果然就死呀活呀的胡鬧起來了到了鬧到這個分兒上算鬧到頭兒了就要仗着我們爺兒們勸你老爺子是說是你個師傅他老人家的性子沒三句話先嚷起來了你姐夫更合你說不進話去我這鋸子嘴的葫蘆似的大約說破了嘴你也只當是兩片兒瓢難道我沒勸過你去不得嗎你何曾聽我一個字兒來着你只聽人家二叔方纔說的這篇大道理把你心裡的為難想了個透亮把這事情的用不着為難說了個簡捷纔把姑娘你的實話彎寶啊似的彎出來了好容易盼到你說了實話了人家不敢撒開假姓名露出真面目來合

你說實話是啊說了個過遭兒人家好好兒的到底爲甚麽把位安老爺算作尹先生我們爺兒們又裝神弄鬼的跟在裡頭這又是作甚麽呀可都是你那個甚麽施恩望報不望報的這個脾氣兒鬧的你只看方纔說到歸根兒你還是這句總而言之一句話說是尹先生纔進的了你這個門兒說得上這套話說是安老爺只怕這時候慢講說這套話就進不了這個門兒至於方纔那番話也必是從你嘴裡說出來纔話裡引的出話來要是從旁人嘴裡說出來管保你又是把那小眼皮兒一搭拉小顋幫子兒一皺再別想你言語了人家還說甚麽那可就悞事悞到

底兒了爲甚麼爲這個事他老哥兒倆昨日商量了不差甚麼一天還弄了分筆硯寫着除了我們爺兒四個連個鬼也不叫聽見妹子你自想想我們這位二叔在你跟前心思用的深到甚麼分兒上意思用的厚到甚麼分兒上人家是怎麼個樣兒的重你人家是怎麼個樣兒的疼你這是我們二叔合我父親一片苦心一團誠意你可別認成三國演義上的諸葛亮七擒孟獲水滸上的吳用智取生辰綱作成圈套兒來汕你的那可就更擴了再說人家也是這個歲數兒了又合老爺子結了弟兄就合偺們的老家兒一樣依我說這時候且把那些甚麼英雄不英雄

的扔開咱們作兒女的就是聽人家的話怎麽說怎麽依着好妹子好姑奶奶你可不許猜開了你往下聽這位老人家的正經話多着的呢却說那十三妹姑娘聽了褚大娘子這話纔如夢方醒心裡暗暗的說這位安官長纔是位作英雄的見識養兒女的心腸他登時把一段剛腸化作柔腸一腔俠氣融成和氣心裡着實的感激佩服安老爺列公說起來人生在世都有個代勞任怨的剛腸排難解紛的俠氣成全朋友憐恤骨肉只是到了自巳背了氣迷了頭就難得受過他好處的那班人知恩報恩都像這位安水心先生這等破釜沉舟披肝瀝膽假如我說書的

遭了這等事遇見這等人說着這番話我只有給他磕上一個頭跟着他去由他怎麽好怎麽好誰想這位十三妹姑娘力大於身還心細於髮沉下心去把前後的話一想第一句他就想到方纔這安官長的話裡講到我當日道人送我父親靈柩一節這話我記得曾在能仁寺向他家公子合張家妹子說過個大槩算他父子翁媳見面談到罷了至於我的老家在京裡我父親的靈在廟裡這話我合鄧褚兩家都不曾談過他是怎的知道好不作怪且等我問個端的再定行止因向安老爺說道官長這番高義無論我十三妹有這造化跟了去没這造化跟了去只這

幾句話終身不敢忘報只是民女的家事官長怎麽曉得的這樣詳細還要求明白指教安老爺聽了這話呵呵大笑說道姑娘你問道這句話我若說將起來只怕我雖不是尹其明你也不好稱我作官長你雖自稱是民女我還不信你是十三妹姑娘此刻氣兒是餒下去了心兒是平下去了小嘴兒也不像那樣梆啊梆的梆子似的了只得給人家陪個笑兒道官長不信民女是十三妹却是那個安老爺道姑娘話到其間我也只得直說了只是你却不要害羞不可動氣你不但不是姓石行三并且也不排行十三妹你家姓一個人可的何字同我一樣都是正黄旗

漢軍旗人你家三代單傳你曾祖太爺雙名登瀛翰林出身作到詹事府正詹終於江西學院你祖太爺單名一個煒字却只中了一名孝廉你父親單名一個杞字官居二品便是那紀大將軍的中軍副將你家太夫人尚氏便是三藩尚府的遠族本家當日在京我們彼此都是通家相見便是姑娘你小時節我也曾見過只是今日之下我認得你你却不認得我了我除了你曾祖太爺不曾提上你祖太爺便是我的恩師那時他老人家正在用功想中那名進士不想你家從龍過來有個騎都尉的世職恰好出缺無人輪該你祖太爺承襲出去引見便用了一個本旗

章京你祖太爺因是歷代書香自已不願棄文就武便退歸林下把這前程讓給你父親承襲他幼官出學用了一個三等侍衞你祖太爺從此無心進取便聚集了許多八旗子弟逐日講書論文只我安某要算他老人家第一個得意學生分雖師生情同骨肉我今日稍稍的有些知識都是我這恩師的教導成全至今無可答報他老人家是早年斷絃一向便在書房下榻直到一病垂危我還同你父親在那裡服侍湯藥早晚不離一天他老人家把我兩個叫到牀前叫着你父親的名字說道我這病多分不起生寄死歸不足介意只是我平生有兩樁恨事一一是不

會中得一名進士但我雖不會中那進士却也教育了無數英才看去將來大半都要靑雲直上就中若講人品心地却只有我這安學生只可惜他清而不貴不能騰達飛黃然而天佑善人其後必有昌者至於你雖然作了個武官斷非封侯骨相恰好我一弟一子都無弟兄這弟兄一倫也是人生不可缺陷的你兩個今日就在我面前對天一拜結作弟兄日後也好手足相顧因此上我合你父親又多了一層香火因緣算得個異姓骨肉他老人家又道那一樁恨事便是我不曾見着個孫兒我家媳婦現隨孕身懷六甲未卜是女是男儻得個男孩兒長大就拜這安學

生爲師教他好好讀書早圖上進切不可等襲了這世職依然去作武弁儻得個女孩兒也要許配一個讀書種子好接我這書香一脈你兩個切切不可忘了我的囑咐這些話我都一一的親承師命姑娘你我兩家是這等一個淵源你怎生還合我稱的甚麼民女咧官長姑娘此刻是聽進點兒去了話也沒了只獃獃的望了安老爺的臉往下聽安老爺又接着說道及至你祖太爺見背之後次年三月初三日辰時姑娘你纔降臨人世那年是個辰年你這八字恰好合着辰年辰月辰日辰時從你裹着褯子的時候我抱也不止抱過一次這年正是你的週歲我去給

你父母道喜那日你家父母在炕上擺了許多的針線刀尺脂粉釵環筆硯書籍戥子算盤以至金銀錢物之類又在廟上買了許多耍貨邀我進去一同看你抓週兒不想你爬在炕上凡是挨近的針黹花粉一槩不取只抓了那廟上賣的刀兒鎗兒弓兒箭兒這些耍貨握在手底下樂個不住我便合你父親笑說這姪女兒將來只怕要學個代父從征的花木蘭定不得呢誰知你聽得我說了這句便抬起頭來笑嘻嘻的趕着要我抱及至我抱到懷裡你便張着兩隻小手兒倒像見了許多年不曾相會的熟人一般說說笑笑鑽鑽跳跳十分親熱凭是誰來接着只不

肯去落後還是你家老太太吩咐你那奶娘道快接過去罷看溺了二大爺一句話不曾說完且喜姑娘你不曾小解倒大解了我一褂袖子那時你家老太太連忙叫人給我收拾我道不必只把他擦乾了留這點古記兒將來等姑娘長大不認識我的時候好給他看看看他怎生合我說嘴姑娘不想這話都應在今日那時我同你父母大家笑了一回你那奶娘早給你換了衣裳抱來你老太太接過來道快給大爺賠個不是說等鳳兒大了好生孝順孝順大爺罷我因問說你我旗人家的姑娘怎生取這等一個名字你家老爺道說也好笑他母親生他的前一晚夢

見雲端裡一隻純白如玉的鳳鳥一隻金碧輝煌的鳳鳥空中飛舞一時這隻把那隻引了來一時那隻又把這隻引了去對着飛舞一回雙雙飛入雲端而去不解是個甚麽悶內想去總該是個吉兆因此就叫他作玉鳳姑娘你這名兒從你抓週兒那日就在我耳輪中聽得不耐煩了此時你還合我講甚麽十三姐呀十三妹然則你又因何單單的自稱個十三妹呢這三個字大約還從你名兒裡的這個玉字而來你是用了個折字法把這玉字中間十字合旁邊一點提開豈不是個二字再把十字加在二字頭上把一點化作一橫補在二字中間豈不是十三兩個

字又把九十的十字金石的石字音同字異影射起來一
定是你借此躲避你那仇家作一個隱姓埋名啞謎兒全
身避禍賢姪女你道愚伯父猜得是也不是聽起安老爺
這幾句話說得來也平淡無奇瑣碎得緊不見得有甚麼
驚動人的去處那知這話越平淡越動性越瑣碎越適情
姑娘是個性情中的人豈有不感化的理再加自己家裡
的老底兒人家比自己還知道索性把小時候拉靑屎的
根兒都叫人刨着了這還合人家說甚麼呢只見他把這
許多年憋成的一張冷森森然氣縱橫的面孔早洩興滯
耳紅暈上來站起身形望前走了一步道原來是我何玉

鳳三代深交有恩有義的一位伯父你姪女兒那裡知道
說着纔要下拜安老爺站起來說道姑娘且慢爲禮你且
歸坐聽我把這段話講完了因接着前文說道後來你老
人家服滿歷了二等侍衛便外轉了叅將帶你上任這說
算到今日整整十七個年頭一向我們書信往來我那次
不問着你你父親信來道因他膝下無兒便把你作個男
孩兒看待且喜你近年身量長成雖是不工針黹却肯讀
書更喜弓馬竟學得全身武藝我還想到你抓週兒時節
說的那句話誰想前年又接得你尊翁的信道他歷了副
將又作了那紀大將軍的中軍並且保舉了堪勝總兵忽

然一路順風裡說到想要告休歸里我正在不解看到後面纔知那紀大將軍聽得你有這般武藝要合你父親結親你父親因他不是個詩書禮樂之門一面推辭便要離了這龍潭虎穴我正在盼他回家相會豈知不幾日便曉得了他的凶信我便差了兩個家人連夜啟程去接你母女合你父親的靈柩及至接了回來纔曉得你要避那仇人叫你的乳母丫鬟扮作你母女的樣子扶柩回京你母女避的不知去向這二三年來我逢人便問到處留心只是沒些影响直到我那孩子安驥同你那義妹張金鳳到了淮安說起你途中相救的情由講到你這十三妹的名

字並你的相貌情形我料定除了你家斷不得有第二家除了你也斷不得有第二個所以我雖然開復原官也無心富貴便脫去那領朝衫一路尋你到此要想接你母女回京給你找個安身立命之處好不負我恩師的那番囑咐不止專爲你能仁寺那番贈金救命的恩情而來姑娘只想有你老太太在我尙且要請你母女回京如今剩你一人便說有九公合這大娘子可托我又怎肯丟下你去現在你的伯母合你的義妹張姑娘並他的二位老人家都在途中候你便是你父親的靈柩我也早曉得你家墳上無處可藏可停若依你吩咐你那奶公的話停在那破

廟之中怎生放心得下我早把他厝在我家墳園專等尋着你母女的下落擇地安葬就連你那奶公戴勤合那宋官兒以至你的奶母丫鬟眼下都在我家此去路上男丁不多除了我父子合張親翁還有家丁十餘名女眷不多除了我內人婆媳合張親母還有女伴八九口那一個不照料了你老太太這口靈柩姑娘你這條身子便算我費些事不過順帶一角公文便算我費些銀錢依然是姑娘你的厚贈及至到京之後我家還有薄薄幾畝閒地等閒人還要捨一塊給他作個義塚何況這等正事那時待我替你給他二位老人家小小的修起一座墳塋種上幾顆

樹木雙雙合葬你在他墳前燒一陌紙錢奠一杯漿水叫聲父母孩兒今日把你二位老人家都送歸故土了那纔是個英雄那纔是個兒女姑娘你要聽我這話切切不可亂了念頭何姑娘還不曾答話鄧九公聽到這裡早迸起來嚷道老弟呀痛快煞我了這纔叫話這纔叫人心痛纔叫好朋友褚大娘子道你老人家先別打岔讓人家說完了鄧九公道還不叫我打岔你瞧今日這樁事還不難爲我老頭子在裡頭打岔嗎說罷呵呵大笑且莫管他呵呵大笑再整何玉鳳聽了這話連忙向安老爺道伯父你的話說的盡性盡情到這個地步眞眞的好比作吹泥絮上

青雲把死人肉白骨姪女兒若再起別念便是不念父母深恩謂之不孝不遵伯父教訓謂之不仁既是承伯父這等疼愛姪女姪女倒要撒個嬌兒還有句不知進退的話要說伯父你若依得我我何玉鳳便死心塌地的跟了你去這位姑娘也忒累贅咧這要按俗語說這可就叫作難擺弄却也莫怪他難擺弄一個女孩兒家千金之體一句話就說跛了人走了自然也得自己站個地步留個身分安老爺聽他還有話說問道姑娘你更有何說他道我此番扶了母親靈柩隨伯父進京我往日那些行逕都用不着從此刻起便當立地回頭變作兩個人守着那閨門女

子的道理纔是第一上路之後我只守了母親的靈除了内眷不見一個外人安老爺道這是一第二呢他又道第二到京之後死者入土爲安只要三五畝地早些合葬了我父母便罷伯父切不可過於糜費我家殁化生存纔過得去安老爺又問第三呢他道第三却要伯父給我挨近父母墳塋找一座小小的廟兒只要容下一席蒲團之地我也不是削髮出家我也不爲捨身了道只爲一生守着我父母的魂靈兒廬墓終身這便是我何玉鳳的安身立命了只聽這姑娘心眼兒使得重不重脚步兒站得牢不牢這若依了那褚大娘子昨日筆談的那句甚麼何不如

此如此此的話再加上鄧九公大廠轅門的一說管情費了許多的精神命脈說列國似的說了一天從這句話起有個番臉不同京的行市果然又不出安老爺所料好安老爺真是從來說的有八卦相生就有五行相剋有個支無祁便有個神禹的金鎖有個九子魔母便有個如來佛的寶鉢有個孫悟空便有個唐一行的緊箍兒咒你看他真會作只見他聽了這話把臉一沉道姑娘這話我合你口說無憑說着便要了一蓋潔淨清茶走到何夫人靈前打了一躬把那茶奠了半盞說道老弟老弟婦你二位的神靈不遠方纔我安某這片心合姪女兒這番話你二位都

該聽見我安某若有一句作不到哪有如此水說着把那半盞殘茶潑在當地便算立了個誓何玉鳳姑娘見安老爺這樣的至誠這纔走過來說道蒙伯父這等的體諒成全伯父請上受你孩兒一拜安老爺倒掌不住淚流滿面鄧褚父女翁婿並那些幫忙的村婆兒村姑兒在旁看了姑娘合安老爺這番恩義也無不傷心纔要張羅着讓坐讓茶早見那姑娘三步兩步撲了那口靈去叫聲母親你可曾聽見如今是又好了原來他也不是甚麼尹先生也不好稱他作甚麼安官長竟是我家三代深交有恩有義的一位異姓伯父他如今要帶了女兒扶了你的靈柩回

京還要把你同父親雙雙合葬你道可好你聽了歡喜不歡喜你心裡樂不樂阿阿母親阿呀父親你　一位老人家怎的儘着你女孩兒這等叫答應都不答應一聲兒價說完了拍着那棺材搥胸頓脚放聲大哭這場哭直哭得那鐵佛傷心石人落淚風凄雲慘鶴唳猿啼便是那樹上的鳥兒也戒嘮嘮展翅高飛路上的行人也急煎煎聞聲遠避這場哭大約要算這位姑娘從他父親死後直到如今攢了許多年的第一雙熱淚這正是傷心有淚不輕彈知還不是傷心處要知後事如何下回書交代

兒女英雄傳評話第十九回終

兒女英雄傳評話第二十回

何玉鳳毀糚全孝道　安龍媒持服報恩情

這回書緊接上回表得是何玉鳳姑娘自從他父母先後亡故直到今日纔表明他那片傷心發洩他那腔怨氣抱了他母親那口棺材哭個不住鄧九公見他哭得痛切便呌女兒褚大娘子上前勸解褚大娘子道倒莫忙他這肚子委屈也得呌他痛痛的哭一場不然驚出個甚麼病兒痛兒的來倒不好說着便呌人取些熱湯水又呌擰個熱手巾來這纔慢慢過去勸着勸了良久那姑娘纔止住哭聲大家圍着都讓他先坐下歇歇只見他且不歸坐開口

便問着褚大娘子道姐姐你前日給我作的那件孝衣可還在手下褚大娘子道那天因爲你執意不穿只逼着我拿回去我就帶回去了今日我連這東西合你的素衣裳以至鋪蓋鞋脚我都帶了來了不然你瞧我來的時候作嗎用帶那樣一個大包袱來呢說着便一手拉了他到裡間去何玉鳳這纔毀却殘妝換上孝服原來漢軍人家的服制甚重多與漢禮相同除了衣裙甚至鞋脚都用一色白的那姑娘穿了這一身縞素出來越發顯得如閒雲野鶴一般有個飄然出世光景褚大娘子又叫人給他在地下鋪了一領席墊上孝褥子他纔在靈右守起制來鄧九

公此時是把一肚子的話都倒出來了也沒甚麼可為難的了覺得有點子泛上餓來了便向他女兒道姑奶奶們們可得弄點甚麼兒吃纔好呢你看你二叔合妹妹進門兒就說起直說到這時候這天待好晌午歪咧管保也該餓了褚大娘子道這些事等不到老爺子操心連吃的帶你老人家的酒我臨來時候都打點妥當了叫他們隨後挑了來這時候敢怕半道送來了在外頭收拾着呢甚麼時候吃甚麼時候現成鄧九公聽了便催着纔給姑娘些東西吃豈知這位姑娘平日雖吃上看不破些兒到了今日心靜身安又經了安老爺這番琢磨點化要將把一條冰

冷的腸子涼了個滾熱心裡的事情都來了那裡還顧得到吃上只在那裡默坐把心事一條條的理論起來第一條早就想起他那義妹張金鳳又急切要見見這位伯母安太太是怎樣一個性情怎樣一個行逕便問着安老爺道伯父你方纔說我那伯母合張家妹子都在半途相候不知他娘兒們此時在那裡派的我得見見也好安老爺道不但你想見他們他們也正在那裡想見你除了我們張親家老夫妻二位照應行李不得來其餘都在莊上說着便找褚一官着人送信請去恰好褚一官外面耍了不在跟前一時找來老爺便說明原由褚一官道還等這會

子呢頭晌午就來了這裡話沒說結我又不敢讓進來沒法兒我把他老人家娘兒兩個讓到隔壁林大嬸家坐着呢方纔打發人來問過兩三回了等我過去言語一句說着去了不上一盞茶時安太太早到褚大娘子便忙着迎出去攙了進來那安太太進門一眼便看見姑娘哀哀欲絕的跪在那裡一時也不及參靈便一直的奔了姑娘去也顧不得那白褥子的忌諱便蹲下身去半跪半坐的把他一摟摟在懷裡兒呀肉的哭起來一面哭着一面數落道我的孩子你可心疼死大娘了拿着你這樣一個好心人老天怎麼也不可憐可憐你叫你受這個樣兒的苦啊

姑娘聽了這話心裡更酸哭得更痛褚大娘子勸了半日纔兩下裡勸住了便讓太太炕上坐太太那裡肯說姑奶奶我好容易見着他了你讓我合他多親香親香說着又拿小手巾擦眼睛褚大娘子便向炕上拿了一個坐褥給太太鋪好又裝了一袋烟過去太太便合姑娘對面坐了手裡拿着烟袋且不吃烟着實的給姑娘道了一番謝說大姑娘我就剩了心裡過不去了我實在說不出甚麼來了姑娘此時倒也無可謙詞只說了倆那時雖然彼此不知方纔聽我伯父說起來我兩家原來是這樣的世誼便是姪女兒出些力豈不是該的姪女兒此後仰仗伯父伯

毋的去處正多還有幾句不知進退的話方纔都求過我伯父了安太太道大姑娘纔你有甚麽爲難的事都交給我合你大爺你只別委屈別着急躭擱了身子我就方心了說着便拉了他的手問長問短恰好一個婆兒送上茶來安太太接來便擱下那個茶盤兒自巳端着盌送到他口邊讓他喝兩口熱茶一會兒又用手指頭給他理理頭髮一會兒又用小手巾兒給他沾沾臉上的眼淚一會兒又說這一個褥子薄再墊個坐褥罷小心地下的凉氣氷着一會兒又說沒外人在這裡只管盤上腿兒坐着看壓麻了脚也不知要怎樣的疼疼那位姑娘纔好再不想姑

娘的小脚兒天生的不會盤腿更可憐那姑娘幼年喪父正是用着母親撫養照料的時候母親又沒了便是有他那位老太太也是一個老實不過的人及至逃難至此一病不起連他自巳的衣食還得女兒照顧姑娘何曾經過人這等珍惜憐愛過來如今合安太太見了面看了這番說話行事待人纔知道天底下的女孩兒原來還有這等一個境界他心裡頓覺甘苦寒暖大不相同便益發合安太太親熱起來坐定了便目不轉睛的看着安太太只見那太太穿一件魚白百蝶的襯衣兒套一件絳色二則五蝠捧壽織就地景兒的氅衣兒窄生生的袖兒細條條的

身子週身絕不是那大寬的織邊繡邊又是甚麼猪牙縧子狗牙縧子的胡鏔混作都用三分寬的石青片金窄邊兒塌一道十三股裡外挂金線的縧子正捲着二摺袖兒頭上梳着短短的兩把頭兒紮着大壯的猩紅頭把兒彆着一枝大如意頭的扁方兒一對三道線兒玉簪棒兒一枝一丈青的小耳挖子却不插在頭頂上倒掖在頭把兒的後邊左邊翠花上關着一路三根大寶石抱針釘兒還戴着一枝方天戟拴着八棵大東珠的大腰節墜角兒的小挑右邊一排三枝刮絨刷蠟的蟲枝兒蘭枝花兒年紀雖近五旬看去也不過四十光景依然的烏鬢黛眉點睛

數紛待人是一團和氣和氣的端莊開口有幾句謙詞謙詞的尊貴高華富麗忠厚和平合安老爺配起來真算得個子子孫孫的天親夫夫婦婦的榜樣姑娘看了半日心裡暗暗的說道我給張家妹子悞打悞撞說成了這等的一個人家這樣的一雙公婆也算對得住他了他那裡正待問安太太我那妹子怎的不同來一句話不曾出口只聽外面一片哭聲男的也有女的也有老的也有少的也有搖天振地價從門外哭了進來姑娘從來不曉得甚麼叫作害怕的人此時倒嚇了一跳心裡盤算道我這裡除了鄧褚兩家之外再沒個痛癢相關的人他兩家都在壞

前這來的又是班甚麽人却哭的這般痛切好生作怪自己又拘住禮法不好探頭往外看只得底了頭伏在地下陪着哭且住這一片哭聲的男的女的老的少的一班人果然都是誰呀原來安太太過來的時候安公子小夫妻合僕婦了鬟都隨過來了只因裡面地方過窄要等安太太先見過了然後大家纔好進來趁這個空兒便在前廳換了衣裳姑娘在靈旁跪着只顧在這裡應酬安太太却不得知道消息及至他自己伏下身去陪哭安太太便站起身來他哭着閃眼一看早見一男一女拜倒在靈前又是兩個老少婦人跪在門裡一個男的跪在門外都伏在

地下痛哭又各各的身穿重孝姑娘淚眼糢糊急切得看不出誰是誰口裡既不好問心裡更想不出這是怎生一樁事正在納悶却見褚大娘子把靈前跪的那個穿孝的少婦攙起來那廂那個穿孝的少年也便站起身來還在那裡握着臉擦眼淚那少婦便拉了褚大娘子一面哭着撲了自己來便在方纔安太太坐的那個坐褥上跪下嬌滴滴悲切切叫了聲姐姐你想得我好苦說罷也昇抱頭痛哭何玉鳳此時臨近一看又聽得說話的聲音纔曉得是他救的那個結義妹子張金鳳那廂站的那個少年便是安公子一時心中萬緒千頭纔待說話那後面跪的老

少兩個婦女也搶過來給姑娘磕頭扶着姑娘的腿哭個不住門外的那個男的也磕了陣頭站起來姑娘且不及看門外那個急得一手拉了金鳳姑娘一手推那兩個婦女道你兩個先抬起頭來我瞧瞧是誰及至兩個抬起頭來兩下裡看了一看纔曉得是他的奶母合他的丫鬟門外那個却是他的奶公戴勤姑娘此時斷想不到這班人忽然在此地同時聚在一處亶得相見更加都穿着孝服辨認不清到了他那個丫鬟隨緣兒媳婦隔了兩三年不見身量也長成了又開了臉打扮得一個小媳婦子模樣尤其意想不到覺得詫異這一陣穿插倒把個姑娘的眼

淚穿插回去了歔歔的瞅瞅這個看看那個怔了半日纔問着張金鳳道妹子我難道合你們是夢中相見麼張姑娘道姐姐你且莫悲傷定一定再說話這姑娘痛定思痛良久良久纔重復哭起來安太太便叫張姑娘好生勸勸你姐姐不要招他再哭了褚家娘子合他奶娘也來相勸姑娘這纔止住悲啼拉了張金鳳覺得心中有萬語千言只不知從那句說起只見他看了看衆人又看了看安公子夫妻忽地失驚道阿呀豈有此理我這奶公奶母合這丫鬟罷了你二位現在伯父伯母雙雙在堂豈不嫌個忌諱麽你也穿起這不祥之服快快脫下來纔是安公子跪

在那裡答道我兩個受了姐姐的救命大恩無路可報今日遇着嬸母這等大事正該如此況又是父母吩咐怎敢違背姑娘連連擺手說這事斷斷行不得張姑娘又道姐姐便是你我又合嫡親姐妹差些甚麼姐姐不必再講了兩人只管這等說姑娘那裡肯依急得又向安老爺安太太說伯父伯母這事禮過於情不要說我何玉鳳看了不安便是我的母親九泉有知也過不去求你二位老人家吩咐一句一定叫他們脫了纔好安老爺道姑娘你且不必着急聽我說你道這事禮過於情按古禮講古人的朋友本就有個袒免之服怎的叫作袒免就如如今男去

冠纓女去首飾再繫條孝帶兒戴個孝髻兒一般按今禮講你只看內三旗的那些人家遇見父母大事無論親戚朋友跟前都有個遞孝接孝的禮再講到情你我兩家不但非尋常朋友可比比起那疏遠的親戚來只怕情義還要重些便是你尊翁靈柩到京的時候我也曾在我那墳園上供養他幾日也曾叫我這孩兒去了纓兒穿身孝服替我早晚祭奠這是你奶公奶娘眼見的那時姑娘你又從那裡不安去何況姑娘你救了他兩個性命便同救了他兩個父母公婆他兩個如今止於給你令堂穿身孝服就論一報一施你道孰輕孰重這幾身孝正是我昨日聽

得你令堂的事合你伯母商議特特的趕做成的你我骨肉一般還講得到甚麼忌諱便是忌諱我這一兒一媳當日在那能仁寺雙雙落難果然不是你來搭救只怕今日之下想穿這兩身孝服也沒處穿我同你伯母求着這樣忌諱也求不到我再合姑娘你掉句文這就叫作亡於禮者之禮也故曰其動也中安太太也道是這樣不叫姑娘謙讓又怕他着急便親自走過來安撫了他一番這且不表却說鄧九公方纔見公子合張金鳳穿了孝來也自詫異及至安老爺說了半日他纔明白過來原來昨日安老爺把華忠叫在一旁說的那句梯已話合今早安老爺見

了安太太老夫妻兩個說的那句啞謎兒他在旁邊聽着乾着了會子急不好問的便是這件事便向姑娘道姑娘師傅總得站在你這頭兒偺們到底是家裡我再沒說架着炮往裡打的這話你伯伯可說的是偺們不用再說了姑娘還待再說褚大娘子也道我可不懂得這些甚麼古啊今哪書哇文的還是我方纔說的那句話人家是個老家兒老家兒說話再沒錯的怎麼說偺們怎麼依就完了你說是不是姑娘見一個人扭不過衆人去心裡想道我從來看了世界上這些施恩望報的人作那些春種秋收的勾當便笑他是有意沽名有心爲善所以我作事作起

來任是潮來海倒作過去便同雲過天空即如我在能仁寺救安公子張姑娘的性命給他二人聯姻以至贈金借弓這些事不過是我那多事的脾氣好勝的性兒趁着一時高興要作一個痛快淋漓要出出我自已心中那口不平之氣究竟何曾望他們怎的領情怎生答報來着不想他們竟這等認眞起來可見造因得果雖有人爲也是上天暗中安排定的想到這裡也就默默無言只得跪起來給安公子合張姑娘行禮叩謝慌得他兩個還禮不迭然雖於此姑娘此刻是說免強依了他心裡却另有個不願意的意思他這不願意想來不是爲方纔給安公子張姑

娘磕那兩個頭究竟他是個甚麽意思這位姑娘心裡滿子轉子過多我說書的一時摸不着門兒無從交代等這書說到那個場中少不得說書的聽書的都明白了閒話休提言歸正傳再講安老爺自從到了二十八棵紅柳樹鄧家莊又訪到青雲堡見了褚一官褚大娘子這纔見着鄧九公自從見了鄧九公費了無限的調停無限的宛轉纔得到了青雲峰見着了這位隱姓埋名昨是今非的十三妹自從見了這位姑娘又費了無限唾沫無限精神纔得說的他悉心懺悔五體皈依一直等安太太安公子張姑娘以至他的奶公奶母了長異地重逢纔算作完了這

本戲文演完了這段評話纔得略略的放心他便對鄧九公說九兒這事情的大局已定我們外面歇歇好讓他娘兒們說說話兒各取方便鄧九公本就嚷嚷了半天吃了聽了這話正中下懷忙說狠好偺們也該喝兩盅去了又告訴褚大娘子道讓姑娘吃些東西哭只管哭可不要儘只餓着嘮叨了一陣這纔陪了老爺公子出來外面自有褚一官帶了人張羅着預備吃的內裡褚大娘子也指使着一羣鬟頭脚的婆兒調抹棹凳搬運菜飯便連戴勤家的隨緣兒媳婦也來幫忙一時裡外都吃起來安老爺合鄧九公心裡惦着有事也不得照昨日那等暢飲然雖如

雖却也瓶罄盃空不曾少喝了酒至於那些吃食不必細說也沒那古兒詞上的山中走獸雲中雁陸地飛禽海底魚不過是酒肉飯菜吃得醉飽香甜而已一時吃完又添了東西內外下人都吃過了鄧九公閒話中便合安老爺說道老弟你看這等一個好孩子被你生生的奪了去了我心裡可真難過只是一來關着他的重回故鄉二來又關着他的父母大事三來更關着他的終身我可沒法兒留他但是我也受了他會子好處一點兒沒報答他我這心裡也得過的去我想如今他不是沒忙着要走的這一說了瞧我要把他老太太的事重新風風光光的給他辦

一辦也算我們師徒一場只是要老弟你多住幾日伺些
車腳盤纏可就不知老弟你等得等不得安老爺道我們
沒甚麼等不得那盤費更是小事便是九兄你不給他辦
這事我們也不能就走甚麼原故呢我心裡已經打算在
此了此去帶了一口靈旱路走着就有許多不便我的意
思必須改由水路行走明日就要遣人趕回臨清閘去雇
船往返也得個十天八天的耽擱只是老兄你方纔說的
這番舉動似乎倒可不必從來喪祭趁家之有無他自已
既不能盡心要你多費他必不安况且這些事究竟也不
過是個虛文於存者沒者毫無益處竟是照舊明日伴宿

後日却把靈封了把他接到莊上你師弟姊妹多聚幾日敘敘別情有這項錢你倒是給他作幾件上路素色衣裳如此事事從實他也無從辭起鄧九公道那幾件衣裳可値得幾何呢說着綽着那部長鬚翻着眼睛想了一想說有了衣裳行李也要作臨走我倒底要把他前回合海馬周三賭賽他不受我的那一萬銀送他作個程儀難道他還不受不成安老爺道那他可就不受定了老兄你豈不聞江山好改秉性難移你切不可打量他從此就這等好說話兒了他那平生最怕受人恩的脾氣難道你沒領教過設或你定要盡心他決然不受那時彼此都難爲情依

我說倒莫如老爺說到這裡掩住口走到鄧九公跟前附耳低聲說道九兄莫若如此如此豈不大妙鄧九公聽了樂得拍棹子打板凳的連說有理又說就照這麼辦了老爺道九兄切莫高聲此地只隔一層牕紙簾被他聽見慢說你這人情作不成今日這一天的心力可就都白費了鄧九公伸了伸舌頭連忙住口二人正要進後邊去恰好隨緣兒媳婦出來回說奴才太太合姑娘請老爺說話安老爺便同了鄧九公進來安太太道大姑娘方纔說了半天還是為玉格合他媳婦這兩身孝他始終不願意他的意思還要過了明日後日兩天大後日就一同動身我說

這話你等我合你大爺商量也得算計算計這兩天工夫可走得及走不及姑娘接着說道我也沒甚麼願意不願意不過想着他二位穿了孝叅了靈就算情理兩盡了究竟有伯父伯母在上頭況且又是行路就這樣上路斷乎使不得不但他二位便是我這奶公奶母丫鬟現在既在在伯父那裡一併也叫他們脫了孝上路爲是至於我這孝雖說是脫不下來這樣跟了伯父伯母同行究竟不便縱說你二位老人家不謙忌諱也得我心裡安再說我父親的大事那時我只顧護了母親匆匆遠避便不曾按着日期守孝此番到京我却要補着盡這點作兒女的心那

時日子也竟餘了伯父你給我找的那個廟也該妥當了我一釋服便去了我的腳跟大事豈不長便這樣商量定了過了明日後日兩天就可上路出省得伯父上上下下人馬山集的在此久住這話伯父想來再沒個不依我的安老爺一聽這又是姑娘泛上小心眼兒來了且自順了他的性兒我自有道理便說道姑娘這話狠是便是你大兄弟大妹妹我也不是叫他們穿多少日子的孝到了你補着穿孝這層也狠行得儘有這個樣子只是兩日後便要起身却來不及何也呢我們將纔在外頭商量定了你忙番扶柩回京旱路斷不方便就是你也不得早晚相依

我明日便着人看船去也有幾天就擱我們這裡却依然明日伴宿後日把靈暫且封起來大家都搬到你師傅莊上住去船一僱到即刻起行你那一路不要見外人的這句話便不枉說了姑娘你道如何姑娘聽了料是此地山裡既不好一人久住衆人也沒個長遠在此相伴的理便也沒得說點頭俯允鄧九公見這話說定規了便道偺們這可沒事了太陽爺也待好壓山兒了二妹子合大奶奶這裡也住不下莫如趁早回莊兒上去罷明日再來再換回子這山裡的道兒黑了可不好走安太太還不會答言何玉鳳姑娘早詫異起來說道怎麼今日都不住下嗎原

來姑娘自被安老爺一番言語之後勾起他的兒女柔腸早合那以前要殺就殺要饒就饒要聚便聚要散便散的十三妹迥不相同聽得聲都要走便有些意意思思的捨不得眼圈兒一紅不差甚麽就像安公子在悅來老店的那番光景要撒酥兒褚大娘子笑道噯喲噯喲瞧啊瞧啊妞兒捨不得大娘了我這可是頭一遭兒看見你這個樣兒安太太便連忙道好孩子別委屈我跟着你回合褚大娘子道不然姑奶奶你合你大妹妹回去我住下罷誰知這位姑娘雖然在能仁寺合張姑娘聚了半日也會有幾句深談只是那時節彼此心裡都在有事究竟不會談到

一句兒女衷腸今日重得相逢更是依依不捨褚大娘子是個爽快人見這光景便道這麼樣罷因合他父親說竟是你老人家帶了女婿陪了二叔合大爺回去我們娘兒三個都住下這裡也擠下了又合褚一官道你回去可就把二嬸兒合大妹妹的鋪蓋捲兒合包袱送了來可別交給外頭人就叫孟媽兒合芮嫂兩個來我這裡襍的人不彀使他們村兒裡的幾個人晚上也有回家的我帶着一條被窩呢不要鋪蓋了晚上老爺子要合二叔喝酒我都告訴姨奶奶了以至明日早起的吃的老范合小蔡兒他們都知道你問他們就是了可想着給我們送吃的來褚

一官在那裡老老實實的聽一句應一句褚大娘子又道可是還得把我的梳頭匣子拿來呢張姑娘道不用費事了兩分鋪蓋裡都帶着梳洗的這一分東西呢我們天天路上就是那麽將就着使連大姐姐你也用開了褚大娘子道如此更省事了褚一官道想想還有甚麽別落下了褚大娘子道没甚麽了再就是我不在家你多分點心兒照應照應那孩子別竟靠奶媽兒褚一官又連連答應褚大娘子又道既這樣二叔索性早些請回去罷鄧九公道明日人來的必多我已就告訴宰了兩隻羊兩口猪夠吃的了姑奶奶放心罷倒是這槓怎麽樣不就卸了他罷安

老爺道這又礙不着何必再御就這樣下船時豈不省事鄧九公道老弟你有所不知我也知道不用御只是我不說這句書裡可又漏一個縫子說着纔嘻嘻哈哈同了安老爺父子合褚一官告辭出去安老爺臨走又把戴勤留下在此照料便一同回青雲堡褚家莊去了不提卻說何玉鳳姑娘此時父母終天之恨已是無可如何不想自己孤另另一個人忽然來了個知疼着熱的世交伯母一個情投意合的義姊一個依模照樣的義妹又是嬤嬤媽嬤嬤妹妹一盆火似價的哄着姑娘姑娘本是個天性高曠的爽快人不覺一時精滿神足心舒意暢高談闊論起來

那時雖是十月天氣山風甚寒屋裡已生上火須要點上燈來那鋪蓋包袱也都取到那位姨奶奶又送了些零星吃食來褚大娘子便都交給人收拾去等着夜來再要便讓安太太上了炕又讓何張二位姑娘上去因向安太太說我在左邊給你老人家擺一隻鳳凰右邊給你老人家擺一隻鳳凰他自已却挨着炕邊坐了除了玉鳳姑娘不吃烟那娘兒三個每人一袋烟兒安太太看看這個看看那個十分歡喜大家便圍爐閑話起來安太太道眞個的你家這個姨奶奶雖說沒甚麼模樣兒可倒是個心口如一的厚實人兒我看你們老人家這樣的居心行事敢怕

那姨奶奶還給他養個兒子定不得呢褚大娘子道那敢是好我也正盼呢只是我父親今年八十七了那裡還指望得定呢張姑娘道不然那姨奶奶自已知道他告訴我說他家老爺子命裡有兒子他還要養兩個呢安太太道這兒女的數兒他自己那裡定得準呢張姑娘忍不住笑道我也是這樣問他來着他說是劉鐵嘴告訴他的我也不知劉鐵嘴是誰沒敢往下再問大家聽了早已笑將起來褚大娘子便告訴安太太道這是他來的那年我叫了個瞎生給他算命要算算他命裡有兒子沒有那瞎生叫劉鐵嘴說了這麽句話他就記住了這句話要是叫他說

住了他肚子裡可就裝不住了就這麽個傻心腸兒玉鳳姑娘道我可就愛他那個傻心腸兒只是怕他說話他一説話我不笑他我彆的慌我笑他我又怕他惱褚大娘子道人家可不懂得怎麽叫個惱哇說着大家又笑了一陣

一時戴勤進來隔牕回道請示太太合大奶奶還要甚麽不要外頭送鋪蓋的車還在這裡等着呢安太太道不用甚麽了你没跟大爺去嗎戴勤道老爺留奴才在這裡伺候的玉鳳姑娘聽如此說便隔牕叫他道嬤嬤爹你先去告訴了話進來我再瞧瞧你戴勤去了進來又重新給姑娘請安也問了姑娘幾句話姑娘一時想起當日送鄧回

京的話又細問了一番纔道你們走到那裡就遇見這裡老爺的人了戴勤道走到德州姑娘這他們岸上走你們河裡走怎得知道就是咱們的船呢戴勤道姑娘問起這件事竟有些奇怪眞是老爺的靈聖頭夜大家就知道這裡老爺差人接下來了這一日晚上船靠了德州馬頭點燈後他們裡頭在後艙睡了奴才合宋官兒兩個便在老爺靈旁一邊一個打地鋪也就睡下睡到三更多天耳邊只聽說老爺叫那時也忘了老爺是歸了西了就連忙要見老爺去及至一看老爺就在當地站着呢奴才一時認不出來了姑娘道你怎麼又會不認得老爺了呢戴勤道

只見老爺穿戴不是本朝衣冠頭上戴着一頂方頂鑲金長翅紗帽身穿大紅蟒袍圍着玉帶吩咐奴才說安二老爺差人接我來了你們可看着些莫要錯過去叫他們空跑一盪我上任去了奴才就說老爺那裡上任去怎的也不接太太合姑娘同去老爺道太太就來的姑娘早死我不等他了說着往外就走奴才急了說老爺怎的不等姑娘同去奴才姑娘此時到底在那裡呢老爺把袖子一甩問我說好糊塗我見不着姑娘只怕你就先見着了此時何用問我奴才見老爺生氣一害怕就唬醒了原來是一場夢忙着叫宋官兒只聽他那裡說囈語說我的老爺子

你是誰呀及至把他叫醒了問他他說見一個人打扮得合戲台上的賜福天官似的賜了我一靴子腳說你這東西睡的怎麼這樣死奴才正告訴他這個夢只聽得外面好像人馬喧闐的聲兒又像鼓樂吹打的聲兒只恨那時膽子小不曾出去看看奴才就合宋官兒說這事寧可信其有不可信其無天亮偺們且別開船到船頭看看到底有人來沒人來誰想這裡老爺果然就打發粱材他們來了姑娘想這可不是老爺顯聖嗎這位姑娘可從不信這些神鬼陰陽的事便道老爺成神怎的不給我托夢倒給你托起夢來不要是你那一天吃多了罷安太太道人姑

娘你可不可不信道話他們一到京就說過你大爺還合我說何老大那等一個聰明正直的人成了神也是有的事只可惜他不知成了甚麼神了這神佛的事也是有的姑娘終是將信將疑戴嬤嬤笑向安太太道奴才姑娘從小兒就不信這些姑娘只想要不是有神佛保着怎麼想到我們今日都在這裡見着姑娘啊太太還記得老爺來的頭裡叫了奴才娘兒倆個去細問姑娘小時候的事情那時奴才只納悶兒誰知老爺早知道姑娘的下落連奴才們也托着老爺太太的福兒見着姑娘了眞眞是想不到的事玉鳳姑娘問道老爺怎麼問你們又怎麼說的隨緣

兒媳婦便把那日的話說了一遍姑娘道我不懂你們有一搭兒沒一搭兒的把我小時候的營生回老爺作嗎䅶大娘子道罷咧罷咧連你那拉青屎的根子都叫人家抖番出來了別的還有甚麼怕說的說的大家大笑他自已也不禁伏在安太太懷裡吃吃的笑個不住從來說歡娛嫌夜短寂寞恨更長只這等說說笑笑不覺三鼓褚大娘子道不早了老太太今日那麼早起來也鬧了一天了偺們喝點兒粥吃點兒東西睡罷明日還得早些起來只怕他們這裡遠村近隣的還要來上祭呢說着隨意吃些東西盥漱已畢安太太合何玉鳳姑娘便在東間南炕褚大

娘子合張金鳳姑娘便在西間南炕歇下戴嬤嬤母女合褚家帶來的四個婆兒都在後捲兩個裡間分住本村的幾個村姑村婆也各各的分投歇息這裡他娘兒母姐兒每睡在炕上還絮絮的談個不住列公你道怎個蒼狗白雲天心無定桑田滄海世事何常這青雲山分明是凄慘慘的幾間風冷茅檐怎的霎時間變作了暖溶溶的春生畫閣都只道是這班人第一個歡場那知恰是這評話裡第二番結束這正是但解性情憐骨肉寒溫甘苦總相宜要知那何玉鳳合安老爺怎的同行何玉鳳合鄧褚兩家怎的作別下回書交代